바빠 초등 7급 한자 2권

지은이 | 김정미, 강민

김정미 선생님은 서울 교대에서 초등교육을 전공하고, 20년 넘게 교단을 지키고 있다. 남편 강민 선생님과 함께 초등 한자 분야에서 스테디셀러로 자리 매김한 바빠 초등 급수 한자 시리즈를 공동 집필하였다. 바빠 초등 급수 한자 시리즈는 어원을 그림으로 그려 설명하고 획순에 이야기를 담아 어린 아이들도 한자를 쉽게 익히고 급수를 딸 수 있도록 구성한 시리즈로 《바빠 초등 8급 한자》, 《바빠 초등 7급 한자》 1, 2와 《바빠 초등 6급 한자》 1, 2, 3 등이 있다.

강민 선생님은 서울대에서 인문학을 전공하고, 컴퓨터 프로그래머로 일하며 한자를 좋아하여 관심을 두다가, 첫 아이 태교를 하면서 한자의 모양과 소리와 뜻을 파헤치기 시작했다. 부인 김정미 선생님과 함께 《바빠 초등 8급 한자》, 《바빠 초등 7급 한자》 1, 2와 《바빠 초등 6급 한자》 1, 2, 3 등을 출간했다. 한자가 쉽게 외워지는 세 박자 풀이말을 고안해 풀이말을 읽으면 어려운 한자도 척척 써낼 수 있도록 하였다.

'바빠 초등 급수 한자' 시리즈

바빠 초등 7급 한자 2권

(이 책은 2016년 11월에 출간된 '바쁜 초등학생을 위한 빠른 급수 한자 7급 2권'을 개정 증보한 판입니다.)

초판 1쇄 발행 2025년 6월 27일
초판 2쇄 발행 2025년 10월 31일
지은이 김정미, 강민
발행인 이지연
펴낸곳 이지스퍼블리싱(주)
출판사 등록번호 제313-2010-123호
주소 서울시 마포구 잔다리로 109 이지스 빌딩 5층(우편번호 04003)
대표전화 02-325-1722   팩스 02-326-1723
이지스퍼블리싱 홈페이지 www.easyspub.com   이지스에듀 카페 www.easysedu.co.kr
바빠 아지트 블로그 blog.naver.com/easyspub   인스타그램 @easys_edu
페이스북 www.facebook.com/easyspub2014   이메일 service@easyspub.co.kr

기획 및 책임 편집 정지연 | 이지혜, 박지연, 김현주   디자인 김세리   삽화 김학수
전산편집 책돼지   인쇄 보광문화사   영업 및 문의 이주동, 김요한(support@easyspub.co.kr)
마케팅 라혜주   독자 지원 박애림, 이세진, 김수경

ISBN 979-11-6303-725-5 64710
ISBN 979-11-6303-712-5 64710(세트)
가격 11,000원

• 이지스에듀는 이지스퍼블리싱(주)의 교육 브랜드입니다.
  (이지스에듀는 학생들을 탈락시키지 않고 모두 목적지까지 데려가는 책을 만듭니다!)

"큰딸에 이어서 작은딸도
〈바빠 초등 급수 한자〉 시리즈로 한자 공부합니다!"

– 밤톨엄마 님 –

내 아이 첫 한자 책이라 쉬운 교재를 선택했습니다. 한자의 뜻을 그림으로 잘 표현해 이해하기 쉬워 보입니다. 그래서인지 아이가 처음으로 끝까지 다 푼 교재예요.

woomi211 님

한자를 처음 공부하는 아이도 쉽게 따라갈 수 있도록 구성되어 있습니다. 또한 한자가 사용되는 단어들도 같이 다루어서 어휘를 확장할 수 있어 좋았습니다.

kconfidence 님

급수 한자 공부에 필요한 부분만 있어서 효율적으로 공부할 수 있어요. 그리고 가려진 한자를 쓰는 게 아이들 입장에서 재미도 있고 몰입하게 되는 거 같아요.

라벤더향기 님

이 책을 선택한 가장 큰 이유는 바로 한자 쓰기 비중이 많지 않아서 부담이 없다는 점입니다. 두 번째는 한자 어휘를 읽는 것을 반복해서 훈련시켜 주기 때문에 좋습니다.

clover0311 님

제가 아이에게 한자를 가르치는 이유는 어휘 확장을 위한 건데 다른 교재들은 시험용으로만 나왔더라구요. 이 교재는 한자 어휘 학습이 많다보니 시험 준비 뿐 아니라 어휘력까지 키울 수 있어 만족스럽습니다.

mye 님

남자아이라 한자 쓰기 칸이 많으면 시작하기도 전에 질려 버리는 경향이 있는데 이 교재는 한자 쓰는 칸이 적당한 것 같아요. 바쁜 초등학생을 위한 한자 교재라 그런지 구성이 단순하면서도 한자 공부에 필요한 내용이 모두 들어 있어서 만족합니다.

매일매일소중해 님

한 번 봐도 두 번 외운 효과! 두뇌 자극 급수 한자 책
바빠 초등 7급 한자

한자는 모든 공부의 바탕입니다.

교과서에 나오는 단어의 90% 이상이 한자어입니다. 수학 교과서에는 '시각'과 '시간'이 나옵니다. '시각(時刻)'의 '각'은 '새길 각'이므로 시간을 한 지점을 새겨 표시하듯 시간의 어느 한 지점을 나타냅니다. 반면, '시간(時間)'의 '간'은 '사이 간'이므로 시각과 시각의 사이라는 것을 알 수 있습니다. 그래서 '쉬는 시간이 끝나는 시각은 10시'와 같이 올바른 용어를 사용할 수 있습니다. 이처럼 한자를 익히면 학습 용어를 정확하고 쉽게 이해할 수 있습니다.

급수 시험은 한자 공부에 집중할 수 있는 좋은 계기가 됩니다.

학습의 바탕이 되는 이 한자를 학교에서는 정규 수업으로 가르치지 않습니다. 한자 공부를 어디부터 시작해야 할지 막연하다면 한자 급수 시험을 준비해 보세요. 목표를 정하면 짧은 시간에 효과적으로 한자를 공부할 수 있으니까요. 7급 한자는 초등 교과 공부의 바탕이 되는 기초 한자 100자로 이루어져 있습니다. 8급 50자, 7급 100자를 익히면 초등 1~2학년 학습 용어의 속뜻을 알 수 있습니다.

한자 공부의 지루함과 암기의 어려움을 해결하는 6가지 방법

그런데 문제는 한자도 공부인지라 지겹다는 점과 힘들게 공부한 한자를 보통 다음날이면 잊어버린다는 겁니다. 이를 해결하기 위해 연구에 연구를 거듭한 결과가 바로 이 책입니다.

❶ '한자의 획'을 그림으로 구현

이 책은 '한자의 획'을 '그림의 선'으로 그려, 그림을 보며 한자를 보다 쉽게 익힐 수 있습니다. 또 '달이 반쯤 뜬 저녁 석(夕)'처럼 한자마다 붙은 풀이말과 함께 공부하면 한자가 기억에 오래 남습니다.

❷ 암기 효과를 2배로 높여 주는 '세 박자 풀이말'

한 획 한 획을 쓸 때 운율이 있는 세 박자 풀이말을 붙여 놓아, 그 풀이말을 기억하면 한자가 자연스럽게 써집니다.

❸ 물방울에 가려진 한자 쓰기

인지 학습 분야 전문가의 말에 따르면 학습에 적정한 어려움이 있을 때 기억에 오래 남는다고 합니다. 이 책에서는 물방울 모양이 적정한 어려움으로 작용해, 한자가 기억에 오래 남게 도와줍니다.

❹ 문해력 향상을 돕는 한자 어휘 공부까지!

이 책은 한자 어휘를 배우고 문장으로 확장해서 한자 어휘력을 키워줍니다. 교과서 용어와 일상적으로 쓰는 어휘에서 아이들이 한자를 발견하고, 교과 개념을 쉽게 이해할 수 있습니다.

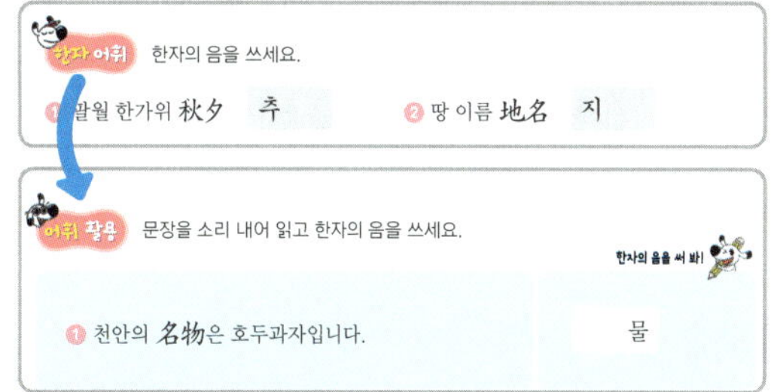

❺ 망각이 일어나기 전에 복습하기 단계 구성!

앞 과에서 배운 한자가 다음 과의 문제 속에 등장해서 자주 복습하게 됩니다. 이는 뇌의 단기 기억을 장기 기억으로 바꾸는 역할을 합니다. 또한 8급 시험 기출 문제를 재구성하여 실전에 대비하도록 하였습니다.

❻ 부록 2회 모의시험 - 실제 시험을 보지 않아도 다 풀면 합격 인증해 주세요!

'바빠 초등 7급 한자 1권'에는 1권에서 다루는 한자 50자를 기준으로 한 모의시험 2회가, '바빠 초등 7급 한자 2권'에는 실제 기출 수준의 문제 2회가 수록되어 있습니다. 7급 시험은 70점 이상(70문항 중 49문항)을 획득하면 합격입니다. 2권의 모의고사 2회 결과가 모두 70점 이상이라면 실제 시험을 치르지 않아도 7급을 취득한 것과 마찬가지입니다.

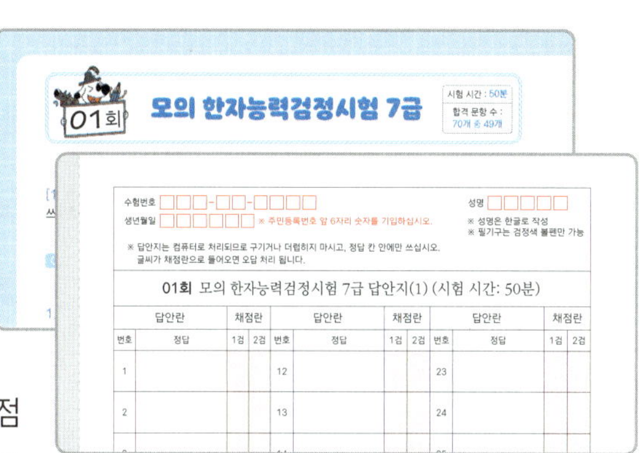

바빠 초등 7급 한자 2권

공부한 날짜

나만의 공부 계획을 세워 보자!

나의 진도 __________ 일

나는 어떤 학생인가?	권장 진도
☑ 한자를 정말 처음 공부해요. ☐ '바빠 초등 7급 한자 2권' 50자 가운데 아는 한자가 5자도 안 돼요.	30일
☐ 급수 시험 공부가 처음이에요. ☐ '바빠 초등 7급 한자 2권' 50자 가운데 아는 한자가 10자 이상이에요.	14일
☐ 한자 공부가 재미있어요. ☐ 7급 자격증을 빨리 따고 싶어요. ☐ '바빠 초등 7급 한자 2권' 50자 가운데 아는 한자가 20자 이상이에요.	10일

권장 진도표

• 30일 진도는 하루에 1과씩 공부하면 됩니다.

날짜	1일 차	2일 차	3일 차	4일 차	5일 차	6일 차	7일 차
14일 진도	준비 학습 01~02과	03~04과	05~06과	07~08과	09~10과	11~13과	14~15과
10일 진도	준비 학습 01~02과	03~05과	06~09과	10~12과	13~15과	16~19과	20~22과

날짜	8일 차	9일 차	10일 차	11일 차	12일 차	13일 차	14일 차
14일 진도	16~18과	19~20과	21~22과	23~25과	26~27과	28~29과 모의시험 1회	30과 모의시험 2회 끝
10일 진도	23~26과	27~29과 모의시험 1회	30과 모의시험 2회 끝				

바빠 초등
7급 한자 2권

한자를 쓰는 순서, 필순을 알면 쉽다!

필순을 왜 공부해야 할까?

처음 한자를 공부하면 한자를 쓰는 일이 어렵게 느껴집니다. 한글과 달리 일정한 규칙이 없는 것처럼 느껴지니까요. 하지만 한자도 쓰는 규칙이 있습니다. 필순은 붓(筆)으로 획을 쓰는 순서(順)라는 뜻입니다. 오랜 세월 한자를 쓰면서 자연스럽게 필순이 정해졌습니다. 한글보다 획이 많은 한자는 필순에 맞게 써야 쓰기도 편하고 글자 모양도 아름답습니다.

필순의 7가지 규칙

이 책에서는 기본 규칙을 7가지로 정리했습니다. 필순을 외우려고 애쓰기보다는 앞으로 배울 한자를 자연스럽게 쓰기 위해 가볍게 점검하는 정도로 학습하면 됩니다. '바빠 초등 7급 한자' 속 풀이말을 따라 공부하면 필순은 자연스럽게 익혀집니다.

1. '人(시옷)'과 같은 순서로 씁니다.

2. 가로획과 세로획이 만날 때는 가로획을 먼저 씁니다.

3. ⏐(갈고리)가 글자의 한가운데 오면 갈고리 모양을 맨 먼저 씁니다.

㉮ 小(작을 소)

4. 양쪽 점을 먼저 씁니다.

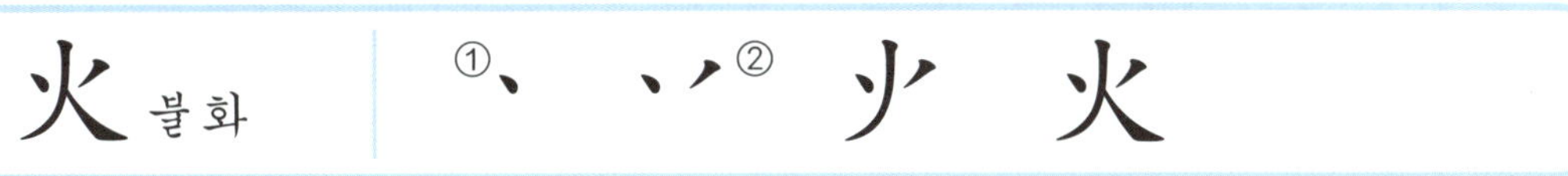

5. 口(입 구)와 비슷한 한자는 한글의 'ㅁ'과 같은 순서로 씁니다.

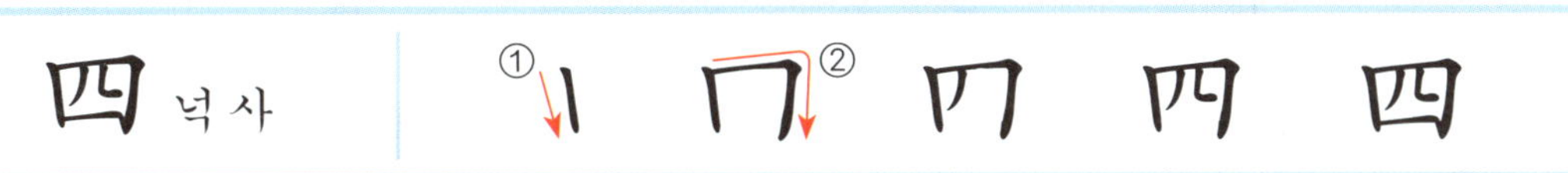

예 日(날 일), 白(흰 백), 國(나라 국)

6. 글자 가운데를 뚫고 지나가는 획은 마지막에 씁니다.

예 軍(군사 군)

7. ノ(삐침)을 먼저 쓰고 ヽ(파임)을 나중에 씁니다.

예 敎(가르칠 교), 校(학교 교)

이외에도 '위에서 아래로 쓴다', '왼쪽에서 오른쪽으로 쓴다'라는 규칙이 있으나 자연스럽게 익힐 수 있으므로 다루지 않았습니다. 또한 필순에 예외가 많아 한자를 쓰는 기본 규칙을 알아두는 정도로 학습하는 것이 좋습니다. 본격적인 한자 학습은 풀이말로 한자를 외우는 방법이 효과적입니다.

다음 한자는 어떤 순서로 쓸까요?

少

① ノ 小 小 少
② ヽ 小 小 少

정답 ①

 **01** 달이 반쯤 뜬 저녁 夕, 저녁에 부르는 이름 名

저녁 석

'저녁 석'은 달(月)이 동산에 반쯤 떠오른 모양이에요.

이름 명

'이름 명'은 어두컴컴한 저녁(夕)에 사람이 보이지 않아 입 벌려 이름을 부르는 모습이에요.

 풀이말을 큰 소리로 읽으며 획을 따라 쓰세요.

따라 써 봐!

풀이말	달이	반쯤 떠오른	저녁 석	저녁
풀이말	저녁에	입 벌려 부르는	이름 명	이름

도움말 夕은 月(달 월)을 반만 그렸어요.

 **물방울 한자** 물방울 🔵 에 가려진 한자를 필순에 맞게 쓰고, 빈칸에 훈과 음을 쓰세요.

 **한자 어휘** 한자의 음을 쓰세요.

1. 팔월 한가위 **秋夕** 추

2. 땅 이름 **地名** 지

3. 견우직녀가 만나는 **七夕**

4. 이름난 사물 **名物** 물

예습! 7급 한자 秋(가을 추) 地(땅 지) 物(물건 물) **복습!** 8급 한자 七(일곱 칠)

1 천안의 **名物**은 호두과자입니다.

물

국어 3
2 **秋夕**날 밤에 들은 풀벌레 소리가
지구가 숨 쉬는 소리 같았어.

추

국어 3
3 조선 태종 때부터는 '괴산'이라는
地名으로 불렸습니다.

지

4 **七夕**은 견우와 직녀가 만나는 날입니다.

밑줄 친 뜻에 해당하는 한자를 찾거나, 음에 해당하는 한자어를 〈보기〉에서
찾아보세요.

| 〈보기〉 | ① 秋夕 | ② 地名 | ③ 夕 | ④ 名 | ⑤ 七夕 |

1. 엄마, 이 떡은 <u>이름</u>이 뭐예요? ________

2. 송편은 <u>추석</u> 때 먹는 명절 음식입니다. ________

3. 이 지도에는 <u>지명</u>이 영어로 적혀 있습니다. ________

4. 학예회는 <u>저녁</u> 6시에 시작합니다. ________

02 땅 위에 서 있는 윗 上, 땅 아래 박힌 아래 下

윗 상

'윗 상'은 사람이 팔 내밀고
땅 위에 서 있는 모습이에요.

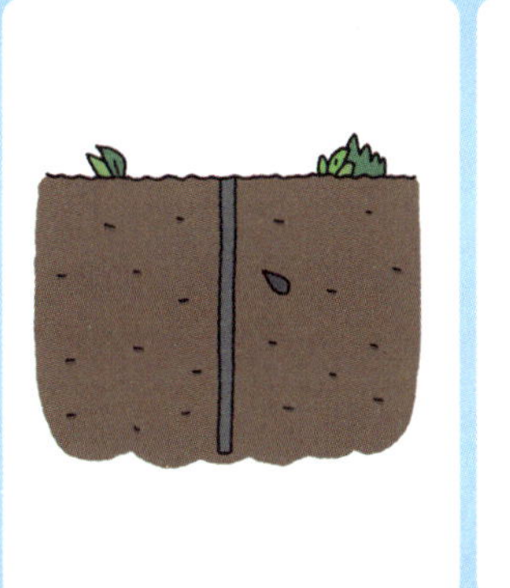

아래 하

'아래 하'는 땅 아래쪽으로
깊이 박힌 모양이에요.

풀이말 풀이말을 큰 소리로 읽으며 획을 따라 쓰세요.

따라 써 봐!

풀이말	몸 세워 팔 내밀고	땅 위에 서 있는	윗 상	윗
풀이말	땅 아래	깊이 박힌	아래 하	아래

도움말 上下에서 가로획 —은 땅을 가리켜요. 그래서 上下는 땅 위와 아래를 나타내는 '윗 상', '아래 하'예요.

반의어 上(윗 상) ↔ 下(아래 하)

물방울  에 가려진 한자를 필순에 맞게 쓰고, 빈칸에 훈과 음을 쓰세요.

몸 세워 팔 내밀고
땅 위에 서 있는 한자는?

윗

□ 상   윗 □   □ 상   윗 □

총 3획   ㅣ ㅏ 上

땅 아래 깊이 박힌
한자는?

아래

□ 하   아래 □   □ 하   아래 □

총 3획   一 丁 下

한자의 음을 쓰세요.

❶ 사람이 사는 곳 **世上**   세 □   ❷ 산에서 내려옴 **下山**   □

❸ 어떤 지역의 위에 있는 **上空**   □ 공   ❹ 아랫사람 **下人**   □

예습! 7급 한자 世(인간 세) 空(빌 공)   복습! 8급 한자 山(메 산) 人(사람 인)

문장을 소리 내어 읽고 한자의 음을 쓰세요.

1 우리 비행기는 현재 인천 **上空**을
날고 있습니다.

공

음악 3
2 온 **世上**에 눈이 내려
우리의 마음 행복해요.

세

3 **下山**을 너무 늦게 하면 어두워져
길을 잃기 쉽습니다.

4 어릴 때 그는 부잣집에서 **下人**
노릇을 했습니다.

밑줄 친 뜻에 해당하는 한자를 찾거나, 음에 해당하는 한자어를 〈보기〉에서
찾아보세요.

| 〈보기〉 | ① 世上 | ② 下山 | ③ 下 | ④ 下人 | ⑤ 上 |

1. 등산로를 따라 천천히 <u>하산</u>했습니다. ________

2. 고래는 숨을 쉬려면 물 <u>위</u>로 올라와야 합니다. ________

3. 그는 <u>하인</u>에게 음식을 내오라고 시켰습니다. ________

4. <u>세상</u>에서 가장 멋진 놀이공원을 만들고 싶습니다. ________

03 흙이 널려 있는 땅 地, 비 올 때 번쩍 번개 電

땅 지

'땅 지'는 흙이 여기저기 널려 있는
널따란 땅을 그렸어요.

번개 전

'번개 전'은 비 올 때 하늘이 갈라지며
'번쩍' 번개 치는 모습이에요.

 풀이말을 큰 소리로 읽으며 획을 따라 쓰세요.

따라 써 봐!

地	地	地	地
흙이	여기저기 널려 있는	땅 지	땅 ☐

電	電	電	電	電
비 올 때	하늘이 갈라지며	번쩍 내리치는	번개 전	번개 ☐

도움말 電(번개 전)에서 雨는 하늘의 구름에서 비가 내리는 '비 우'예요.

반의어 地(땅 지) ↔ 天(하늘 천)

물방울 한자   물방울 ⬤ 에 가려진 한자를 필순에 맞게 쓰고, 빈칸에 훈과 음을 쓰세요.

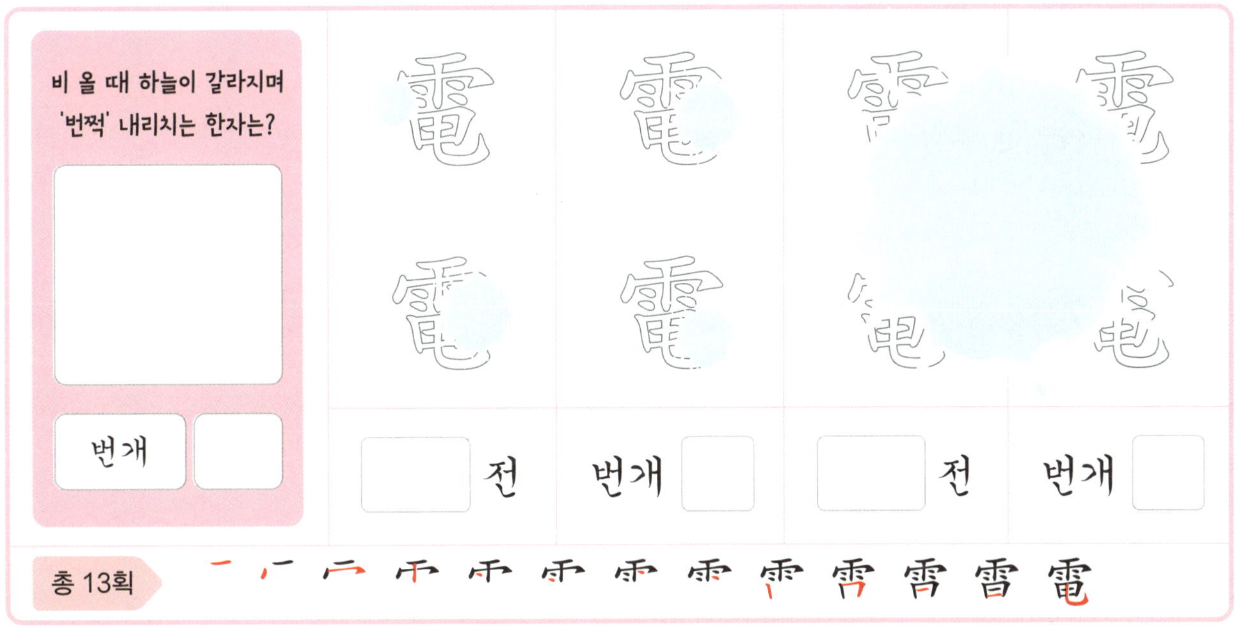

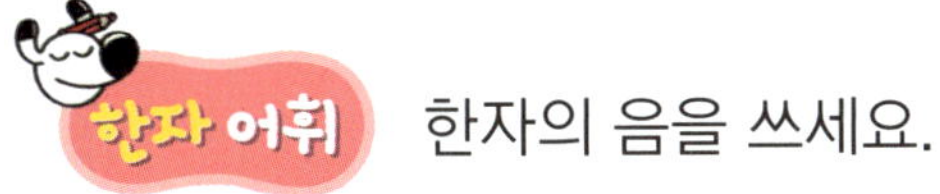

한자 어휘   한자의 음을 쓰세요.

1. 평평한 땅 **平地**   평
2. 전자 에너지 **電氣**   기
3. 어느 방면의 땅 **地方**   방
4. 전기로 가는 차 **電車**   차

예습! 7급 한자   平(평평할 평) 氣(기운 기) 方(모 방) 車(수레 차)

한자의 음을 써 봐!

1 산 위에 올라가서 보니 눈앞에 넓은 **平地**가 보였습니다.

평

국어 4
2 암행어사는 **地方** 관리들이 백성을 잘 다스리는지 알아보는 벼슬이었어요.

방

3 **電氣**에 감전된 것처럼 찌릿하기도 하고.

기

4 **地下**철은 땅속에 터널을 뚫고 지나는 **電車**입니다.

철

차

도전!
7급
시험

밑줄 친 뜻에 해당하는 한자를 찾거나, 음에 해당하는 한자어를 〈보기〉에서 찾아보세요.

〈보기〉　① 平地　② 電氣　③ 地方　④ 電車　⑤ 地

1. 아빠는 <u>전기</u>면도기로 면도를 합니다.　________

2. <u>전차</u>에서 내리자 바람이 차가웠습니다.　________

3. 거북은 <u>땅</u>에 구멍을 파고 알을 낳는답니다.　________

4. 전복은 우리 <u>지방</u>의 특산물입니다.　________

정답 **1** 평지 **2** 지방 **3** 전기 **4** 지하, 전차 ｜ 1. ② 2. ④ 3. ⑤ 4. ③

04 굽이져 흐르는 내 川, 삼십 년 가족 이룬 인간 世

내 천

'내 천'은 냇물이 굽이져
흐르는 모습이에요.

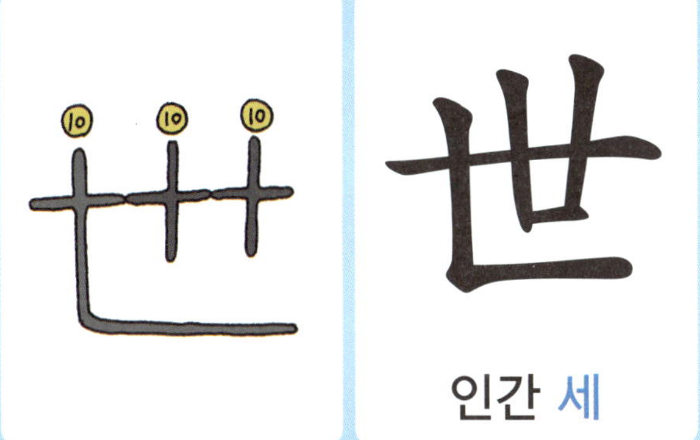

인간 세

'인간 세'는 십 년, 이십 년, 삼십 년을 표현해
한 가족을 이룬 인간을 뜻해요.

풀이말 풀이말을 큰 소리로 읽으며 획을 따라 쓰세요.

따라 써 봐!

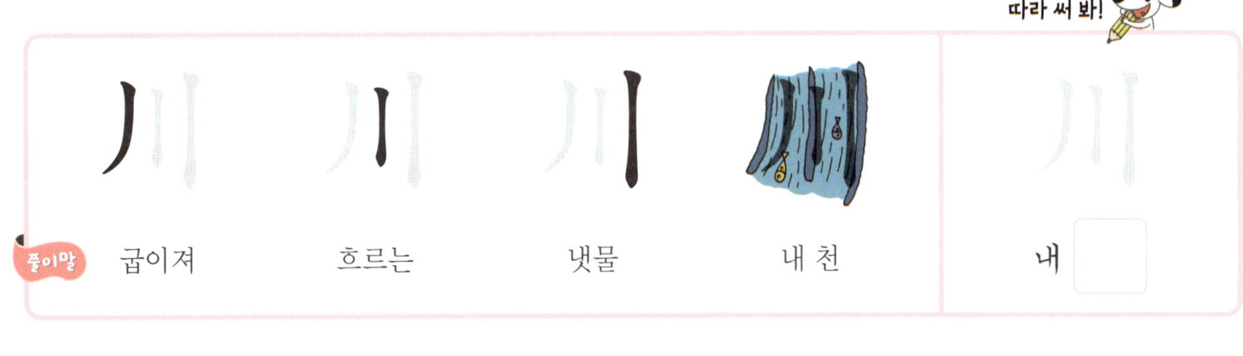

풀이말 굽이져	흐르는	냇물	내 천	내

풀이말 이십 년 살고	십 년 더 살며	가족을 이룬	인간 세	인간

도움말 世는 卄(스물 입)과 十(열 십)을 더한 글자예요. 사람이 태어나 서른 살 정도 되면 결혼해 새로운 가족을 이루어요. 十(열 십)을 두 번 더하면 卄 또는 廿(스물 입), 세 번 더하면 卅(서른 삽)이에요.

물방울 한자 물방울 ⬤에 가려진 한자를 필순에 맞게 쓰고, 빈칸에 훈과 음을 쓰세요.

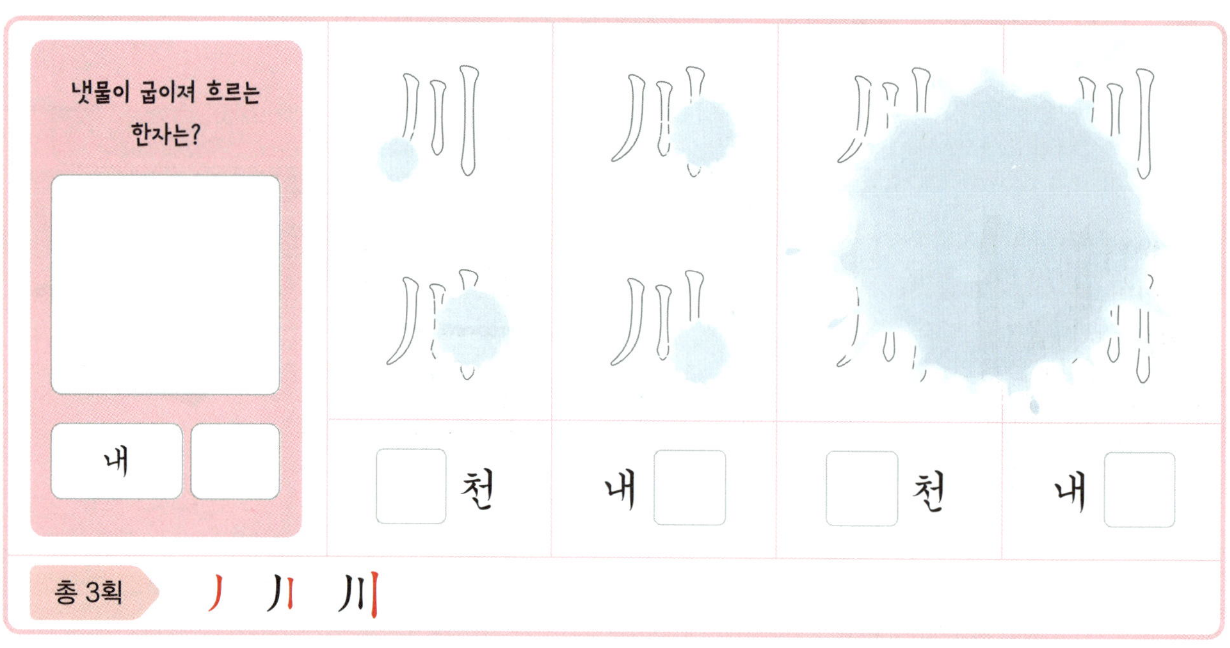

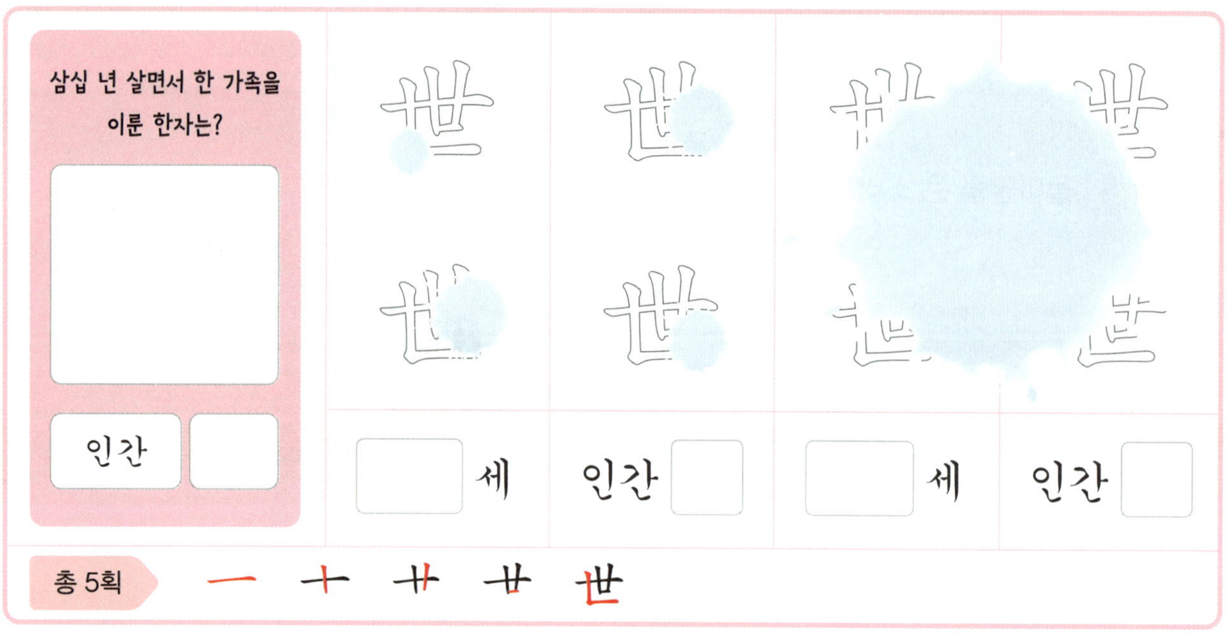

한자 어휘 한자의 음을 쓰세요.

❶ 산과 내 **山川**

❷ 세상에 알려짐 **出世**   

❸ 저절로 생긴 하천 **自生川**

❹ 임금이 될 왕자 **世子**

예습! 7급 한자 出(날 출)   **복습! 8급 한자** 山(메 산) 生(날 생)

문장을 소리 내어 읽고 한자의 음을 쓰세요.

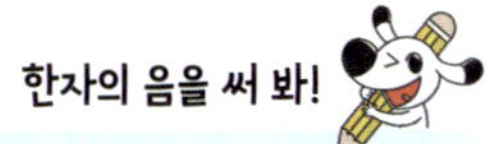

1 서로 **出世**하려고 저마다
숨 가쁘게 달립니다.

출

2 활짝 핀 진달래들로 온 **山川**이
분홍빛으로 물들었습니다.

3 물이 흘러 저절로 생긴 하천을
自生川이라고 합니다.

4 어린 **世子**가 임금의 자리에
올랐습니다.

밑줄 친 뜻에 해당하는 한자를 찾거나, 음에 해당하는 한자어를 〈보기〉에서
찾아보세요.

〈보기〉 ① 山川   ② 世   ③ 川   ④ 世子   ⑤ 出世

1. 교육은 취직이나 <u>출세</u>를 위한 수단이 아닙니다. __________

2. '넷' 하면 <u>냇</u>가에서 빨래를 한다고 잘잘잘. __________

3. 임금은 셋째 아들을 <u>세자</u>로 정했습니다. __________

4. 고향 <u>산천</u>은 온통 푸르고 싱그러웠습니다. __________

05 하늘 아래 백 명을 비추는 일백 百, 백의 열 배 일천 千

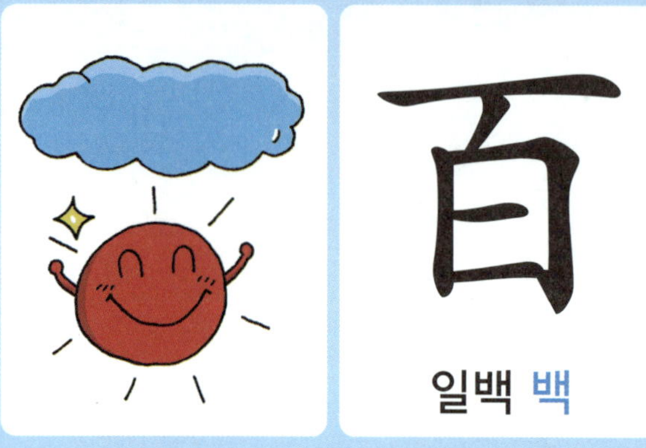

百

일백 백

'일백 백'은 하늘 아래 해에서 나온 흰 빛이 백 명을 비추는 모습이에요.

千

일천 천

'일천 천'은 백 명의 열 배로 천을 가리켜요.

풀이말 풀이말을 큰 소리로 읽으며 획을 따라 쓰세요.

따라 써 봐!

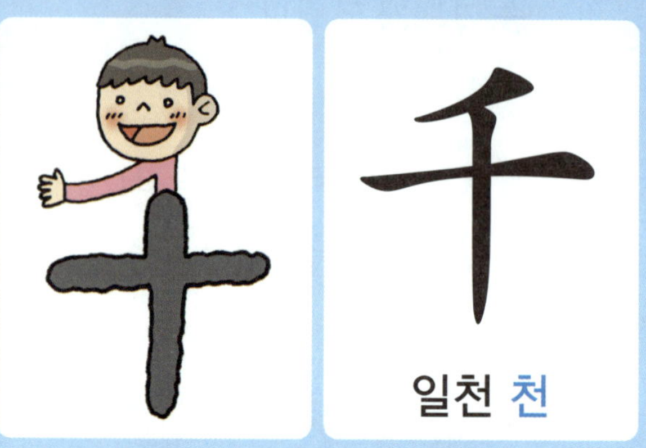

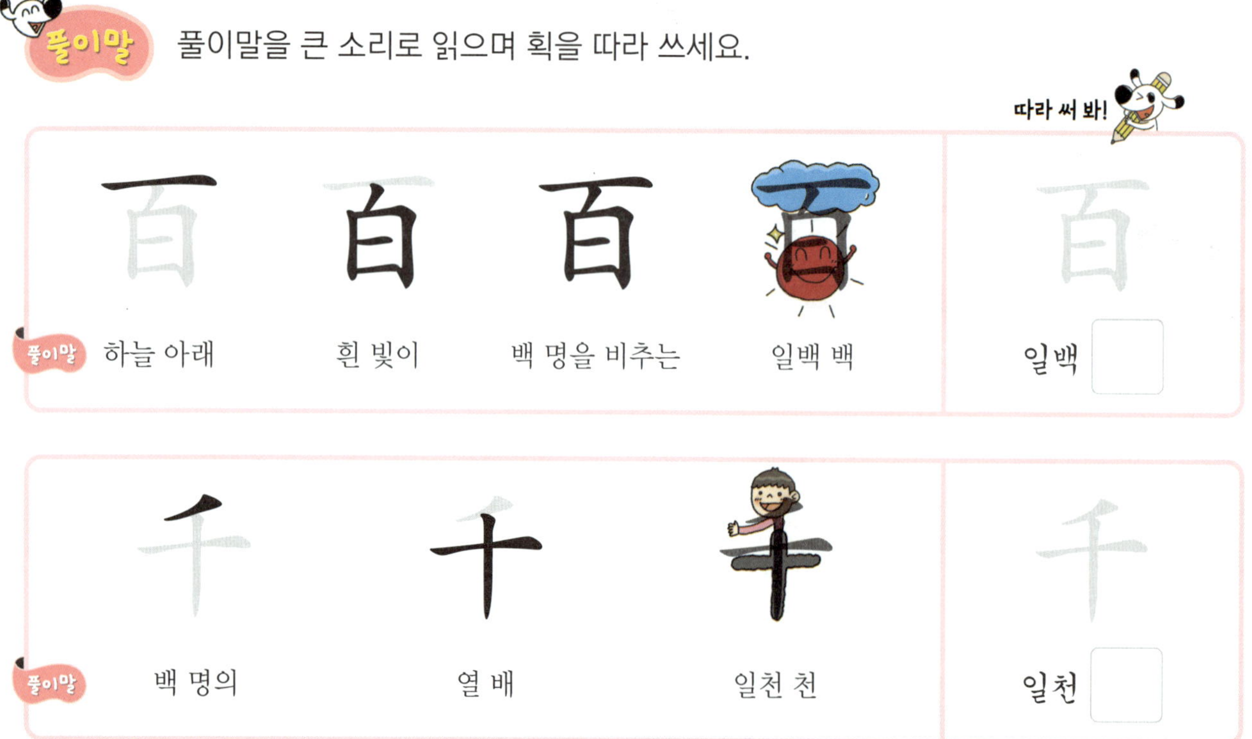

百	百	百		百
풀이말 하늘 아래	흰 빛이	백 명을 비추는	일백 백	일백 □

千	千		千
풀이말 백 명의	열 배	일천 천	일천 □

도움말 千(일천 천)은 丿과 十(열 십)을 더한 글자예요. 丿은 百(일백 백)의 줄임꼴로 숫자 100을 나타내요. 千(일천 천)은 100(丿)의 열(十) 배 1,000을 가리켜요.

물방울 한자 물방울 ◯ 에 가려진 한자를 필순에 맞게 쓰고, 빈칸에 훈과 음을 쓰세요.

한자 어휘 한자의 음을 쓰세요.

1. 백의 여러 배 **數百**   수

2. 만의 천 배 **千萬**

3. 온갖 방법 **百方**   방

4. 매우 많은 돈 **千金**

예습! 7급 한자 數(셈 수) 方(모 방)   **복습!** 8급 한자 萬(일만 만) 金(쇠 금)

한자의 음을 써 봐!

1 그의 공연을 보려고 **數百** 명이 줄을 서 있습니다.

수 [ ]

2 사람의 목숨은 **千金**을 주고도 살 수 없습니다.

[ ]

3 아내의 약을 구하려고 **百方**으로 알아보았습니다.

[ ] 방

국어 4
4 익룡은 약 2억 2**千萬** 년 전부터 하늘을 지배한 공룡이에요.

밑줄 친 뜻에 해당하는 한자를 찾거나, 음에 해당하는 한자어를 <보기>에서 찾아보세요.

<보기>　　① 數百　　② 千萬　　③ 百　　④ 百方　　⑤ 千

1. 이 기계는 부품이 <u>수백</u> 가지가 넘습니다.　　________

2. 돼지 저금통에서 구<u>천</u>이백 원이 나왔습니다.　　________

3. 서울 거주 인구는 <u>천만</u> 명 아래로 떨어졌습니다.　　________

4. 345에서 3은 <u>백</u>의 자리 숫자입니다.　　________

정답 **1** 수백 **2** 천금 **3** 백방 **4** 천만 | 1.① 2.⑤ 3.② 4.③

06 01~05과 복습하기

 빈칸에 알맞은 한자와 훈음을 쓰세요.

夕

下

上

일천 천

上

번개 전

일백 백

地

電

名

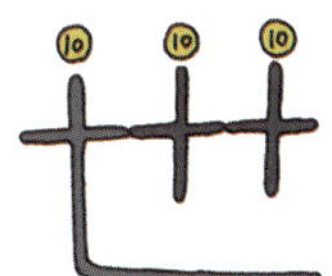

世

아래 하

川

千

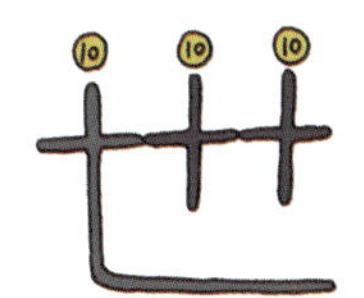

인간 세

百

〈보기〉 夕 名 上 下 地 電 川 世 百 千

1 ☐ 산이 늦으면 어두워져 길을 잃기 쉽습니다.
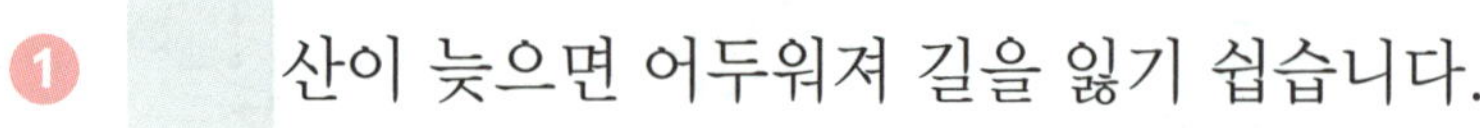

2 지하철은 땅속을 지나는 ☐ 차입니다.

3 사람의 목숨은 ☐ 금을 주고도 살 수 없습니다.

4 추 ☐ 날 밤에 들은 풀벌레 소리가 지구가 숨 쉬는 소리 같았어.

5 암행어사는 ☐ 방 관리들이 백성을 잘 다스리는지 알아보는 벼슬이었어요.

6 천안의 ☐ 물은 호두과자입니다.

7 어린 ☐ 자가 임금의 자리에 올랐습니다.

8 온 세 ☐ 에 눈이 내려 우리의 마음이 행복해요.

9 진달래가 피어 온 산 ☐ 이 분홍빛입니다.

10 365에서 3은 ☐ 의 자리 숫자입니다.

7급 급수 시험 예상 문제

[1~8] 다음 한자어의 음(音: 소리)을 쓰세요.

1. 世上에서 엄마가 제일 좋아요.
____

2. 電氣기가 안 들어오네요.
____

3. 秋추夕에도 약국은 문을 열었습니다.
____

4. 남부 地方방에 피해가 컸습니다.
____

5. 數수百 마리의 물고기가 죽었습니다.
____

6. 千萬의 말씀입니다.
____

7. 온 山川이 분홍빛으로 물들었습니다.
____

8. 전주의 名物물은 비빔밥입니다.
____

[9~12] 다음 한자의 훈(訓: 뜻)과 음(音: 소리)을 쓰세요.

9. 百
____

10. 夕
____

11. 千
____

12. 川
____

[13~14] 다음 한자의 상대 또는 반대되는 한자를 <보기>에서 골라 그 번호를 쓰세요.

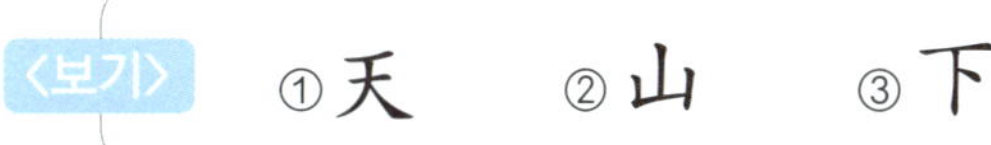

13. 上 ↔ (　　)　______

14. (　　) ↔ 地

[15~16] 다음 뜻에 맞는 한자어를 <보기>에서 찾아 그 번호를 쓰세요.

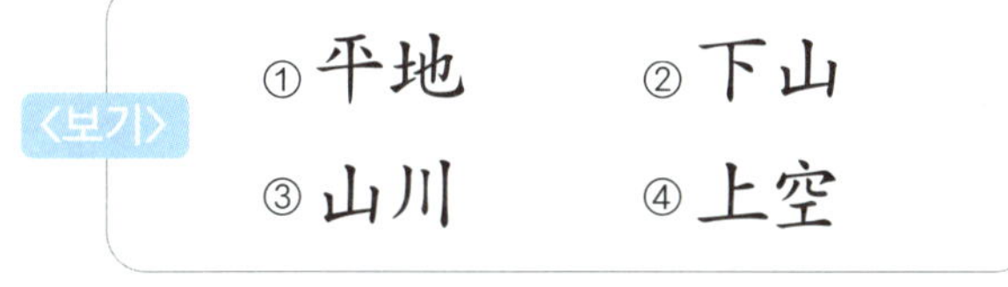

15. 평평한 땅
____

16. 산에서 내려옴
____

• 平(평평할 평)

[17~18] 다음 한자의 진하게 표시한 획은 몇 번째 쓰는지 <보기>에서 찾아 그 번호를 쓰세요.

17. 地 ______　　18. 世 ______

07 절에서 알려주는 때 時, 문 사이 해가 비치는 사이 間

때 시

사이 간

'때 시'는 해를 보고 절에서 종을 쳐
때를 알리는 모습이에요.

'사이 간'은 문짝 사이로
햇빛이 비치는 모습이에요.

 풀이말을 큰 소리로 읽으며 획을 따라 쓰세요.

따라 써 봐!

時	時	時	時	時
풀이말 해를 보고	절에서 종을 쳐	때를 알리는	때 시	때 ☐

間	間	 間	間
풀이말 문 사이로	해가 비치는	사이 간	사이 ☐

도움말 時(때 시)에서 오른쪽의 寺는 부처님 형상의 불상(土) 앞에서 목탁을 손에 쥐고(寸) 염불하는 모습이에요. 예전에는 해(日)가 떠서 질 때까지 절(寺)에서 때맞추어 종을 쳤어요.

 물방울 한자   물방울 ⬤ 에 가려진 한자를 필순에 맞게 쓰고, 빈칸에 훈과 음을 쓰세요.

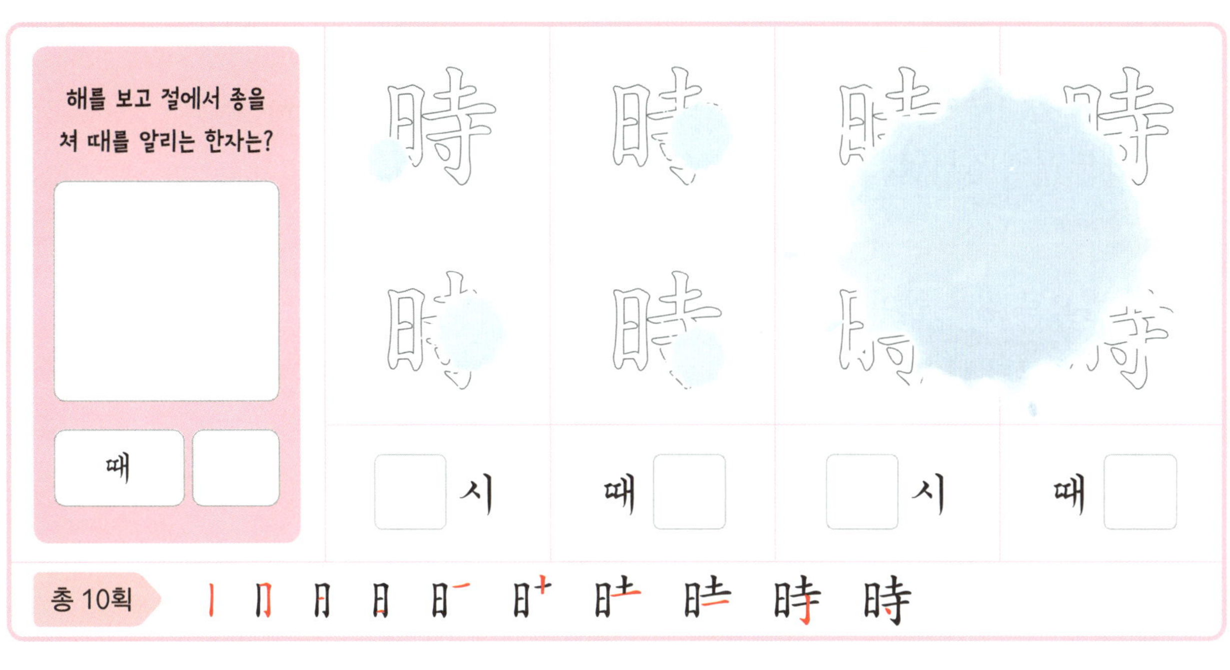

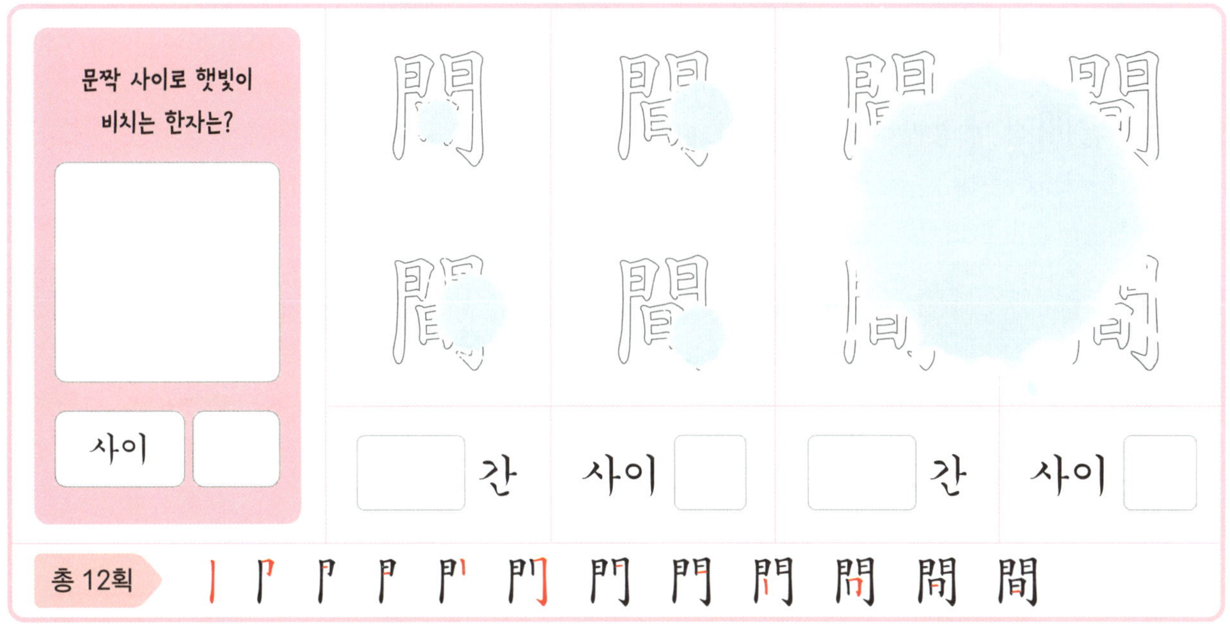

 한자 어휘   한자의 음을 쓰세요.

❶ 때와 때의 사이 **時間**　　　❷ 두 사물의 사이 **中間**

❸ 보통 때 **平時**　평　　　❹ 텅 빈 사이 **空間**　공

예습! 7급 한자　平(평평할 평) 空(빌 공)　　복습! 8급 한자　中(가운데 중)

한자의 음을 써 봐!

1 우리는 **平時**에도 항상 재난에 대비해야 합니다.

평

체육 3
2 컵으로 쌓은 탑이 **中間**에 무너지면 처음부터 다시 시작해요.

3 오늘 체육 수업 **時間**에 줄넘기를 했습니다.

국어 4
4 '어디에서'에 해당하는 것을 **空間**적 배경이라고 해요.

공

밑줄 친 뜻에 해당하는 한자를 찾거나, 음에 해당하는 한자어를 <보기>에서 찾아보세요.

<보기>　① 時間　② 中間　③ 平時　④ 空間　⑤ 平面

1. <u>중간</u>에 놓인 쪽지를 펴 봐요. ________

2. 책상을 이용해 <u>공간</u>을 나누어요. ________

3. 매일 정해진 <u>시간</u>에 일어나요. ________

4. 오늘은 <u>평시</u>보다 일찍 수업이 끝났어요. ________

정답 **1** 평시 **2** 중간 **3** 시간 **4** 공간 | 1. ② 2. ④ 3. ① 4. ③

08 풀이 돋는 풀 草, 흙 있고 해 비치는 마당 場

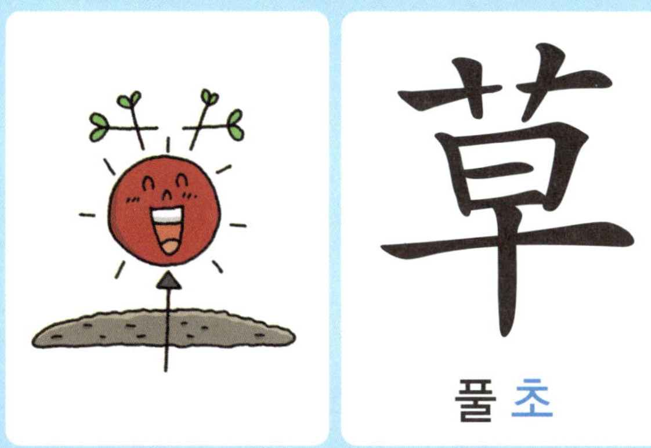

풀 초

'풀 초'는 풀싹이 햇빛을 받아
푸릇푸릇 돋는 모습이에요.

마당 장

'마당 장'은 흙이 넓게 펼쳐져 있고
해님 아래 깃발이 나부끼는 모습이에요.

풀이말을 큰 소리로 읽으며 획을 따라 쓰세요.

따라 써 봐!

풀이말 풀의 싹이 　 햇빛 받아 　 땅 위로 돋는 　 풀 초 　 | 풀 ▢

풀이말 흙 있고 　 해 아래 　 깃발이 나부끼는 　 마당 장 　 | 마당 ▢

도움말 草(풀 초)에서 위쪽의 ⺾는 풀싹을 나타냈어요. 또 아래쪽의 旱는 해(日)가 땅 위로 솟는(十) 모습이에요. 場(마당 장)에서 昜은 해가 하늘에서(旦) 깃발 나부끼듯(勿) 비추는 모습이에요.

 **물방울 한자** 물방울 💧 에 가려진 한자를 필순에 맞게 쓰고, 빈칸에 훈과 음을 쓰세요.

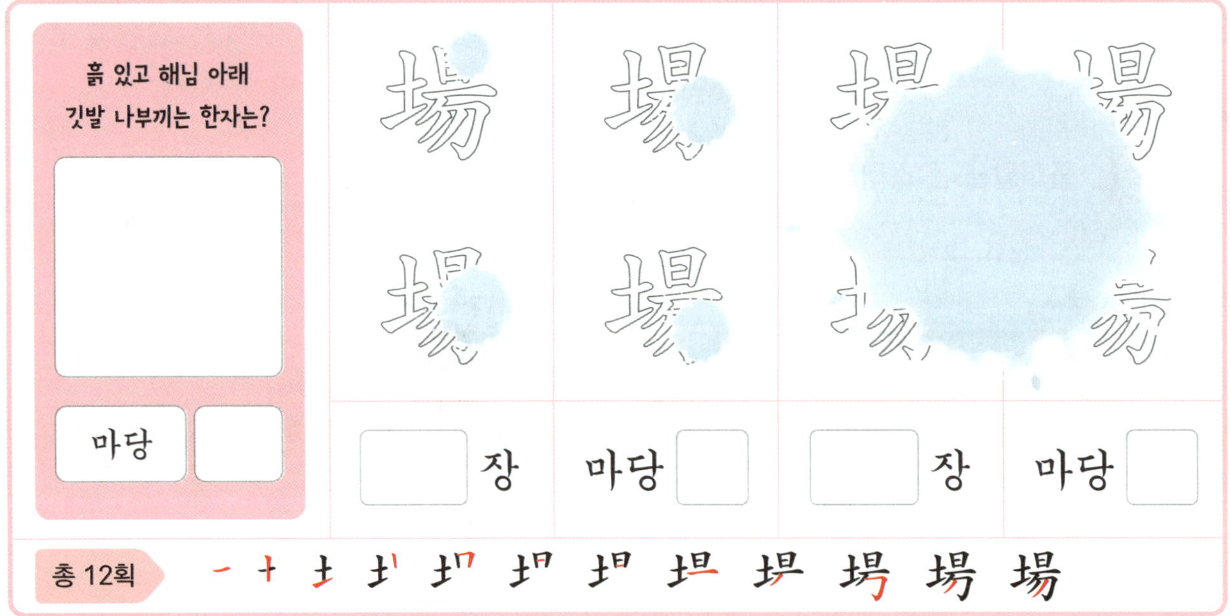

 **한자 어휘** 한자의 음을 쓰세요.

1 풀로 지붕을 덮은 집 **草家** 가 **2** 물건을 사고파는 곳 **市場** 시

3 물에서 자라는 풀 **水草** **4** 물건을 만드는 곳 **工場** 공

예습! 7급 한자 家(집 가) 市(저자 시) 工(장인 공)   복습! 8급 한자 水(물 수)

 **어휘 활용** 문장을 소리 내어 읽고 한자의 음을 쓰세요.

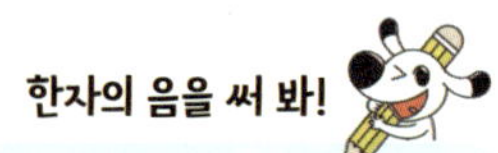

국어 4 1 아기 돼지가 사는 **草家**집을 무너뜨린 것은 재채기 때문입니다.

가

국어 4 2 다음에는 온 가족이 손을 잡고 함께 **市場** 구경을 하면 좋겠다.

시

3 연못에는 아름다운 **水草**가 자라고 있습니다.

4 그 **工場**은 생산 시설이 자동화되어 있습니다.

공

밑줄 친 뜻에 해당하는 한자를 찾거나, 음에 해당하는 한자어를 <보기>에서 찾아보세요.

<보기>　① 草家　② 草木　③ 水草　④ 工場　⑤ 市場

1. 알뜰 시장을 열려고 해요. ________

2. 우리는 초콜릿 공장을 견학했습니다. ________

3. 초가 굴뚝에서 연기가 피어오릅니다. ________

4. 수초가 무성한 곳에는 물고기가 많습니다. ________

09 손 모아 햇볕 쬐는 봄 春, 밭에 농사짓는 농사 農

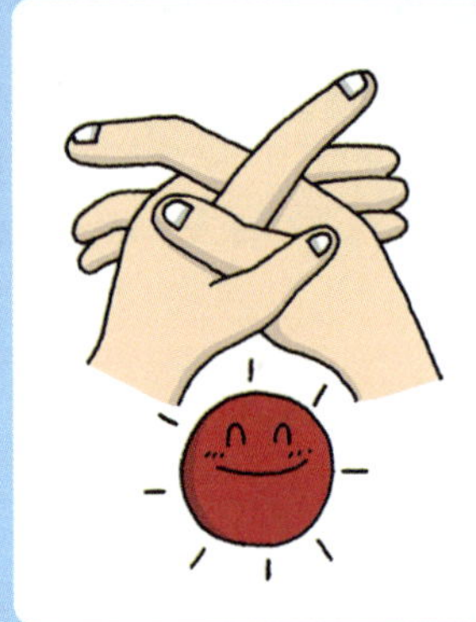

봄 춘

농사 농

'봄 춘'은 손가락을 모으고
햇볕을 쬐는 모습을 그려
따뜻한 봄을 나타내요.

'농사 농'은 밭을 갈고 곡식을 심고
비탈진 밭에서 두 사람이
농사짓는 모습을 나타내요.

풀이말을 큰 소리로 읽으며 획을 따라 쓰세요.

따라 써 봐!

春	春		春
풀이말 손가락 모으고	햇볕 쬐는	봄 춘	봄 ☐

農	農	農		農
풀이말 밭 갈고 곡식 심고	비탈에 둘이 앉아	농사짓는	농사 농	농사 ☐

도움말 農(농사 농)에서 위쪽의 曲은 밭을 갈고(日) 곡식을 심어(丨丨) 잘 자라는 모양으로 풀이했고 아래쪽의 辰은 비탈 밭(厂)에 두 사람(二)이 앉아 농사짓는(𧘇) 모습으로 풀이했어요.

반의어 春(봄 춘) ↔ 秋(가을 추)

물방울 한자 물방울 ◯ 에 가려진 한자를 필순에 맞게 쓰고, 빈칸에 훈과 음을 쓰세요.

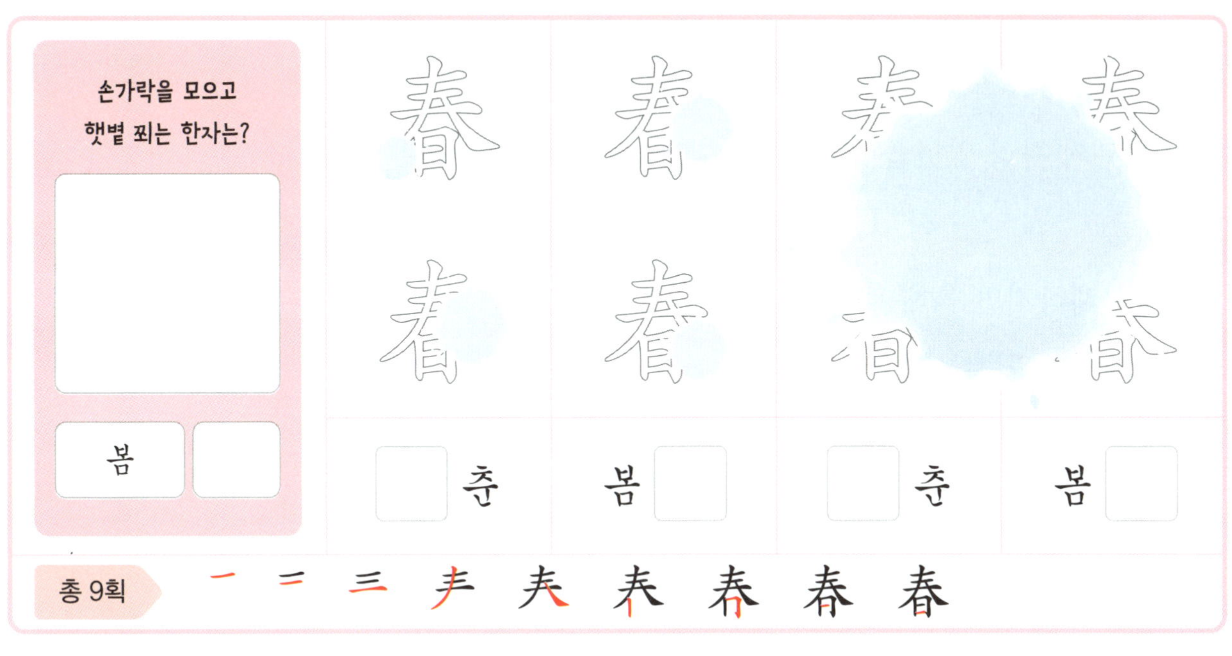

손가락을 모으고 햇볕 쬐는 한자는?				
봄	□ 춘	봄 □	□ 춘	봄 □

총 9획 一 二 三 丰 夫 表 春 春 春

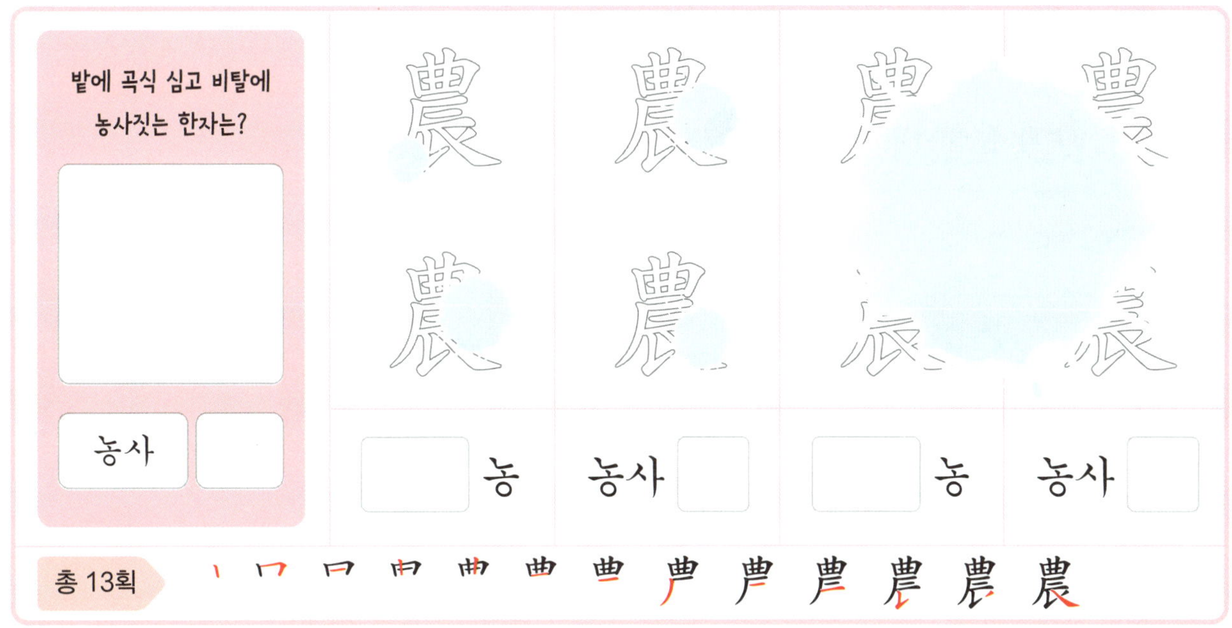

밭에 곡식 심고 비탈에 농사짓는 한자는?				
농사	□ 농	농사 □	□ 농	농사 □

총 13획 丨 冂 曰 由 曲 曲 曲 農 農 農 農 農 農

한자 어휘 한자의 음을 쓰세요.

❶ 농업을 경영하는 곳 農場

❷ 봄과 가을 春秋  추

❸ 농사짓는 사람 農民

❹ 푸른 새싹의 봄 靑春

예습! 7급 한자 秋(가을 추)   복습! 8급 한자 民(백성 민) 靑(푸를 청)

 문장을 소리 내어 읽고 한자의 음을 쓰세요.

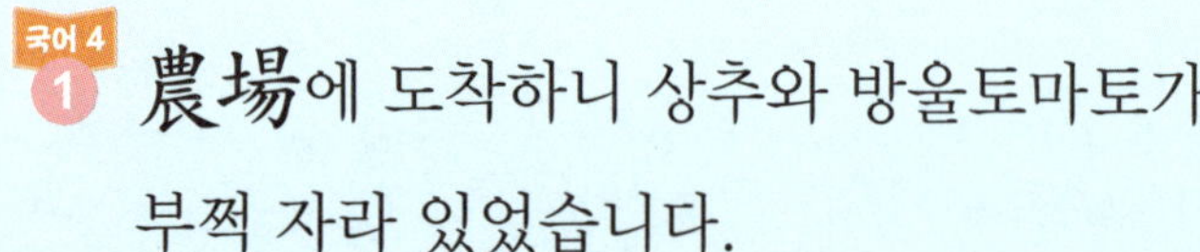

국어 4

1 農場에 도착하니 상추와 방울토마토가 부쩍 자라 있었습니다.

2 실례하지만 올해 春秋가 어떻게 되시는지요?

추

3 時間이 되자 靑春 남녀들이 모여들었습니다.

,

4 農民에게 토지는 生命과 같습니다.

복습! 8급 한자   生(날 생)

밑줄 친 뜻에 해당하는 한자를 찾거나, 음에 해당하는 한자어를 <보기>에서 찾아보세요.

<보기>　①農　②農場　③靑春　④農民　⑤春

1. 아하, 그래! 너였구나, 봄 향기!　________

2. 나이는 들었지만 마음은 여전히 청춘입니다.　________

3. 쌀값이 떨어져 농민들이 큰 손해를 보았습니다.　________

4. 주말 농장에 갈 때 무엇을 준비해야 합니까?　________

정답　**1** 농장　**2** 춘추　**3** 시간, 청춘　**4** 농민, 생명　|　1.⑤ 2.③ 3.④ 4.②

10 고개 숙인 낮 午, 소를 잡아 걸어놓은 물건 物

낮 **오**

'낮 오'는 햇볕을 피해 고개 숙이는
열 시 넘어 한낮의 모습이에요.

물건 **물**

'물건 물'은 소를 잡아 소고기를
깃발처럼 걸어놓은 모습이에요.

풀이말 풀이말을 큰 소리로 읽으며 획을 따라 쓰세요.

따라 써 봐!

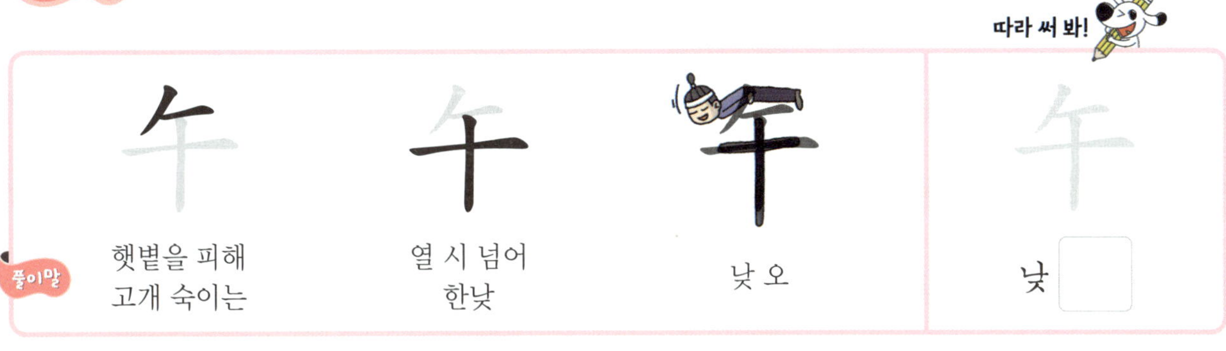

午	午	午	午
햇볕을 피해 고개 숙이는	열 시 넘어 한낮	낮 오	낮 ☐

物	物	物	物
소를 잡아	깃발처럼 걸어놓은	물건 물	물건 ☐

도움말 午(낮 오)는 열두 띠 중 일곱 번째로 말을 가리켜요. 그래서 '말 오'라고도 해요.

물방울 한자 물방울 에 가려진 한자를 필순에 맞게 쓰고, 빈칸에 훈과 음을 쓰세요.

햇볕을 피해 고개를 숙이는 한낮을 나타낸 한자는?

午	午	午	午
午	午	午	午
낮			
오	낮	오	낮

총 4획 丿 𠂉 午 午

소고기를 깃발처럼 걸어 놓은 한자는?

物	物	物	物
物	物	物	物
물건			
물	물건	물	물건

총 8획 丿 𠂉 牛 牛 牜 牞 物 物

한자 어휘 한자의 음을 쓰세요.

1 한낮 열두 시 正午

2 사람 人物

3 정오가 지난 때 午後

4 생명을 가진 生物

복습! 8급 한자 人(사람 인) 生(날 생)

문장을 소리 내어 읽고 한자의 음을 쓰세요.

국어 3
1 파란 하늘이 눈부신

토요일 **午後**였습니다.

국어 3
2 통일 신라 시대에 우리 바다를

지킨 **人物**은 누구인가요?

3 **正午**에 영화관 앞에서 만납시다.

과학 3
4 갯벌에는 농게, 나문재, 조개 등

다양한 **生物**이 살고 있습니다.

밑줄 친 뜻에 해당하는 한자를 찾거나, 음에 해당하는 한자어를 <보기>에서 찾아보세요.

<보기>　　① **正午**　② **人物**　③ **午後**　④ **生物**　⑤ **物**

1. 인물의 표정을 따라해 봅시다. ___________

2. 민하는 토요일 오후 2시에 서점에 갔습니다. ___________

3. 개미는 군집 생활을 하는 대표적 생물입니다. ___________

4. 정오에는 해가 머리 위에 떠 있습니다. ___________

11 돼지 모여 살 듯 집家, 고기 굽고 개와 함께 그럴 然

집 가

그럴 연

'집 가'는 지붕 아래 돼지들이 무리지어 살 듯
사람이 함께 모여 사는 집을 그렸어요.

'그럴 연'은 고기를 먹으며 개와 함께
불을 쬐는 그럴 듯한 모습이에요.

 **풀이말** 풀이말을 큰 소리로 읽으며 획을 따라 쓰세요.

따라 써 봐!

家	家	家		家
풀이말 우리에	돼지가 모여 있듯	함께 모여 사는	집 가	집 ☐

然	然	然		然
풀이말 고기 먹으며	개 데리고 불을 쬐는	그럴 듯한 일이니	그럴 연	그럴 ☐

도움말 然(그럴 연)은 ⺼(고기 육), 犬(개 견), 灬(불화 발)을 더한 글자예요. 灬(불화 발)은 火(불 화)가 글자 아래에 올 때의 모양이에요.

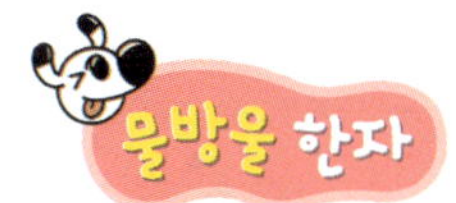

물방울 한자 물방울 에 가려진 한자를 필순에 맞게 쓰고, 빈칸에 훈과 음을 쓰세요.

지붕 아래 돼지 모이듯 함께 모여 사는 한자는?

家 家 家 家
家 家 家 家

집	

	가	집			가	집	

총 10획 丶 丶 宀 宀 宀 宀 宀 宀 宀 家

고기를 먹으며 개와 함께 불 쬐는 한자는?

然 然 然 然
然 然 然 然

그럴	

	연	그럴			연	그럴	

총 12획 丿 ク 夕 夕 夕 夕 夕 夕 夕 然 然 然

한자 어휘 한자의 음을 쓰세요.

1. 가족 공동체 家門
2. 스스로 그러함 自然
3. 가정을 이끄는 사람 家長
4. 헛되이 그러함 空然 공

예습! 7급 한자 空(빌 공) 복습! 8급 한자 門(문 문) 長(긴/어른 장)

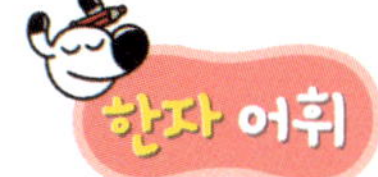

한자의 음을 써 봐!

1 왜 **空然**한 걱정을 하는지 모르겠습니다.

공　

미술3
2 1700년대까지도 **自然**에서 구한 재료로 물감을 만들었어요.

3 소녀 **家長**이 된 그 **學生**은 열심히 공부했습니다.

4 로미오와 줄리엣의 **家門**은 원수지간이었습니다.

복습! 8급 한자　學(배울 학) 生(날 생)

밑줄 친 뜻에 해당하는 한자를 찾거나, 음에 해당하는 한자어를 〈보기〉에서 찾아보세요.

〈보기〉　① 家　② 自然　③ 然　④ 空然　⑤ 家長

1. 한 집안의 가장은 책임감이 큽니다.　________
2. 호랑이는 오누이 집으로 갔습니다.　________
3. 공연히 트집 잡지 말고 하던 일 하세요.　________
4. 자연을 보호하는 방법을 알아보세요.　________

 빈칸에 알맞은 한자와 훈음을 쓰세요.

間

家

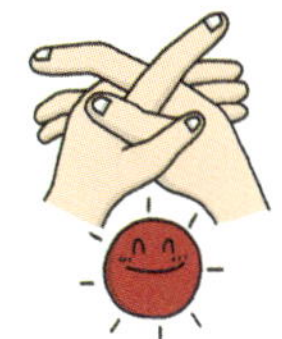

物

봄 춘

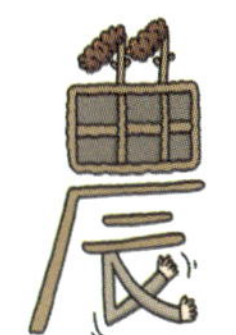

농사 농

然

낮 오

農

時

場

草

집 가

春

마당 장

午

〈보기〉 時 間 草 場 春 農 午 物 家 然

① 시간이 되자 청　　남녀들이 모여들었습니다.

② 다음에는 온 가족이 함께 시　　구경을 하면 좋겠다.

③ 컵으로 쌓은 탑이 중　　에 무너지면 처음부터 다시 시작해요.

④ 로미오와 줄리엣의　　문은 원수지간입니다.

⑤ 1700년대까지도 자　　에서 구한 재료로 물감을 만들었어요.

⑥ 　　장에 도착하니 상추와 방울토마토가 부쩍 자라 있었다.

⑦ 통일 신라 시대에 우리 바다를 지킨 인　　은 누구인가요?

⑧ 연못에는 아름다운 수　　가 자라고 있습니다.

⑨ 체육 수업　　간에 줄넘기를 했습니다.

⑩ 파란 하늘이 눈부신 토요일　　후였습니다.

[1~8] 다음 한자어의 음(音: 소리)을 쓰세요.

<보기> 漢字 → 한자

1. 市^시場에서 바지를 샀습니다. ___________

2. 영화를 中間부터 봤습니다. ___________

3. 自然 훼손이 우려됩니다. ___________

4. 하루에 한 時間씩 공원을 걷습니다. ___________

5. 우리 農場에서는 토끼를 키웁니다. ___________

6. 훌륭한 家門에서 태어났습니다. ___________

7. 青春 시절이 있었습니다. ___________

8. 午後 세 시에 만나기로 했습니다. ___________

[9~12] 다음 한자의 훈(訓: 뜻)과 음(音: 소리)을 쓰세요.

<보기> 字 → 글자 자

9. 物 ___________

10. 時 ___________

11. 草 ___________

12. 然 ___________

[13~14] 다음 한자의 상대 또는 반대되는 한자를 <보기>에서 골라 그 번호를 쓰세요.

<보기> ① 冬   ② 教   ③ 西

13. 夏 ↔ ( )

14. ( ) ↔ 學

[15~16] 다음 뜻에 맞는 한자어를 <보기>에서 찾아 그 번호를 쓰세요.

<보기> ① 農民   ② 平時   ③ 空間   ④ 植物

15. 아무것도 없는 빈 곳

16. 보통 때 ___________

• 平(평평할 평) 空(빌 공)

[17~18] 다음 한자의 진하게 표시한 획은 몇 번째 쓰는지 <보기>에서 찾아 그 번호를 쓰세요.

<보기>
③ 세 번째   ④ 네 번째
⑤ 다섯 번째   ⑥ 여섯 번째
⑦ 일곱 번째   ⑧ 여덟 번째

17. 物 ___   18. 農 ___

13 사람이 나무 옆에서 쉴 休, 나무가 둘러선 마을 村

쉴 휴

'쉴 휴'는 사람이 나무 옆에서
쉬는 모습이에요.

마을 촌

'마을 촌'은 마을에 나무가 비슷한 간격으로
둘러서 있는 모습이에요.

풀이말을 큰 소리로 읽으며 획을 따라 쓰세요.

따라 써 봐!

풀이말	休	休	休	休
	사람이	나무 옆에서	쉴 휴	쉴

풀이말	村	村	村	村
	나무가	마디마디 둘러선	마을 촌	마을

도움말 村(마을 촌)에서 寸은 손목 마디를 그린 '마디 촌'이에요. 寸은 손목 마디까지 짧은 거리를 나타내 三寸(삼촌)처럼 가까운 사이를 나타낼 때 써요.

물방울 한자 물방울 ◯ 에 가려진 한자를 필순에 맞게 쓰고, 빈칸에 훈과 음을 쓰세요.

한자 어휘 한자의 음을 쓰세요.

① 쉬는 날 **休日**

② 농사를 짓는 마을 **農村**

③ 허드레로 쓰는 종이 **休紙** 지

④ 강가에 있는 마을 **江村** 강

예습! 7급 한자 紙(종이 지) 江(강 강)   **복습! 8급 한자** 日(날 일)

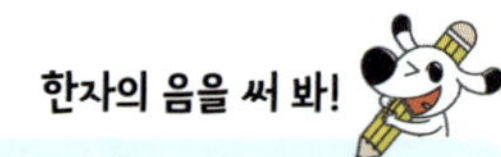

1 꽃 피고 새 우는

江村에 살고파라.

강

2 젊은이들이 農村에서

새 삶의 터전을 마련합니다.

과학 3
3 기침을 할 때에는 休紙나 옷소매로

입과 코를 가려요.

지

4 이 박물관은 休日에만

일반 시민에게 개방됩니다.

밑줄 친 뜻에 해당하는 한자를 찾거나, 음에 해당하는 한자어를 〈보기〉에서 찾아보세요.

〈보기〉 ① 休日   ② 農村   ③ 休紙   ④ 江村   ⑤ 休

1. 몇몇 젊은이들은 <u>농촌</u>에 터를 잡습니다. __________

2. 길에 <u>휴지</u>를 함부로 버리면 안 됩니다. __________

3. <u>강촌</u>에 구름이 한가로이 떠다닙니다. __________

4. <u>휴일</u>이면 한강 공원은 사람들로 붐빕니다. __________

정답 **1** 강촌 **2** 농촌 **3** 휴지 **4** 휴일 | 1. ② 2. ③ 3. ④ 4. ①

14 나무 우거진 수풀 林, 보리 밟고 오는 올 來

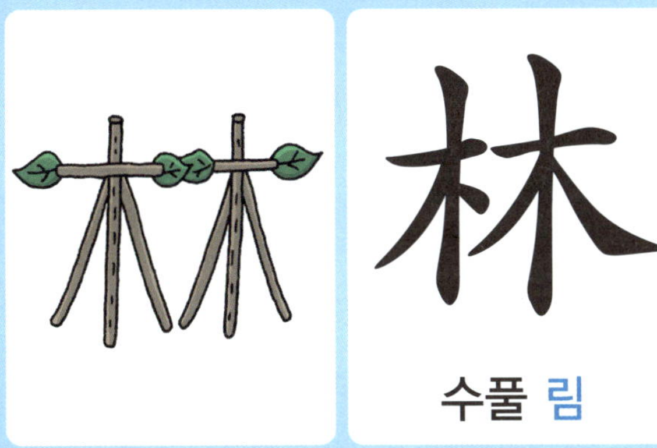

수풀 림

올 래

'수풀 림'은 나무 옆에 나무가 우거져
자라는 수풀을 가리켜요.

'올 래'는 보리 이삭과 잎, 줄기와 뿌리를
그린 모양이에요. 봄에 밭에서
보리를 밟으며 걸어오면 보리가 잘 자란대요.

풀이말을 큰 소리로 읽으며 획을 따라 쓰세요.

따라 써 봐!

| 풀이말 | 나무 옆에 | 나무가 우거진 | 수풀 림 | 수풀 ☐ |

| 풀이말 | 보리 이삭, 잎 | 줄기, 뿌리 | 밟으며 걸어오는 | 올 래 | 올 ☐ |

도움말 來(올 래)는 보리를 그린 한자예요. 봄에 보리밟기하며 걸어오는 '올 래'예요. 보리밟기는 들뜬 겉흙을 눌러 뿌리가 잘 내리도록 이른 봄 보리 싹의 그루터기를 밟아주는 일이에요.

물방울 한자 물방울 에 가려진 한자를 필순에 맞게 쓰고, 빈칸에 훈과 음을 쓰세요.

나무 옆에 나무가 우거진 한자는?

林 林 林 林
林 林 林 林

수풀	

	림	수풀			림	수풀	

총 8획 一 十 才 木 木 村 材 林

보리 이삭과 잎, 줄기와 뿌리를 그린 한자는?

來 來 來 來
來 來 來 來

올	

	래	올			래	올	

총 8획 一 厂 ⺁ 双 从 办 夾 來

한자 어휘 한자의 음을 쓰세요.

1 산에 있는 숲 山林

2 오늘 다음 날 來日

3 숲을 가꾸는 일 育林

4 바깥에서 옴 外來

복습! 8급 한자 山(메 산) 日(날 일) 外(바깥 외)

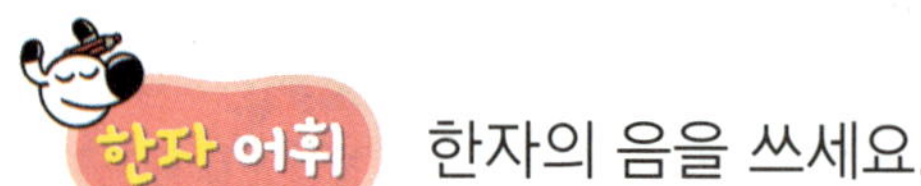

문장을 소리 내어 읽고 한자의 음을 쓰세요.

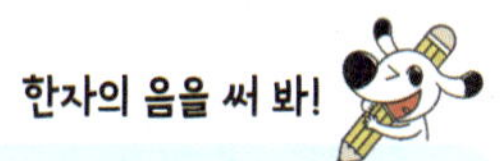

1 이곳은 수목이 울창한

山林 지대입니다. 

2 매년 11월 첫 번째 토요일은

育林의 날입니다.

3 (국어 4) 來日 미술 준비물이 무엇인지

알려 줄 수 있니?

4 外來 문화를 무분별하게

받아들이면 안 됩니다.

밑줄 친 뜻에 해당하는 한자를 찾거나, 음에 해당하는 한자어를 <보기>에서 찾아보세요.

<보기>　① 山林　② 來　③ 育林　④ 外來　⑤ 來日

1. <u>내일</u> 또 줄넘기를 하면 좋겠습니다. ________

2. 병원은 <u>외래</u> 환자로 무척 붐볐습니다. ________

3. 정부는 <u>산림</u>녹화 정책을 적극 추진했습니다. ________

4. 나무에 비료를 주는 <u>육림</u> 작업을 했습니다. ________

15 벼 거두고 불 피우는 가을 秋, 숨결은 쌀 먹어야 기운 氣

가을 추

'가을 추'는 벼를 거두며 가을걷이하고 쌀쌀한 날씨에 불을 피우기 시작하는 가을의 모습이에요.

기운 기

'기운 기'는 사람이 숨을 쉬는 모습과 먹으면 기운이 나는 쌀밥을 그렸어요.

 풀이말을 큰 소리로 읽으며 획을 따라 쓰세요.

따라 써 봐!

秋	秋	秋	秋
풀이말 벼를 거두고	불을 피우는	가을 추	가을 ☐

氣	氣	氣	氣	氣
풀이말 숨결은	쌀을 먹어야	나오는 기운이니	기운 기	기운 ☐

도움말 秋의 禾는 벼이삭(丿) 아래 木(나무 목)을 그린 '벼 화'예요. 氣에서 气는 고개 숙인 채 숨을 내쉬고 들이쉬는 '기운 기'예요. 米는 벼이삭에 낱알이 다닥다닥 붙은 '쌀 미'예요.

필순 氣에서 米는 위쪽 두 점(丷)을 먼저 찍고 木을 쓰면 돼요.

반의어 秋(가을 추) ↔ 春(봄 춘)

 물방울 ◯ 에 가려진 한자를 필순에 맞게 쓰고, 빈칸에 훈과 음을 쓰세요.

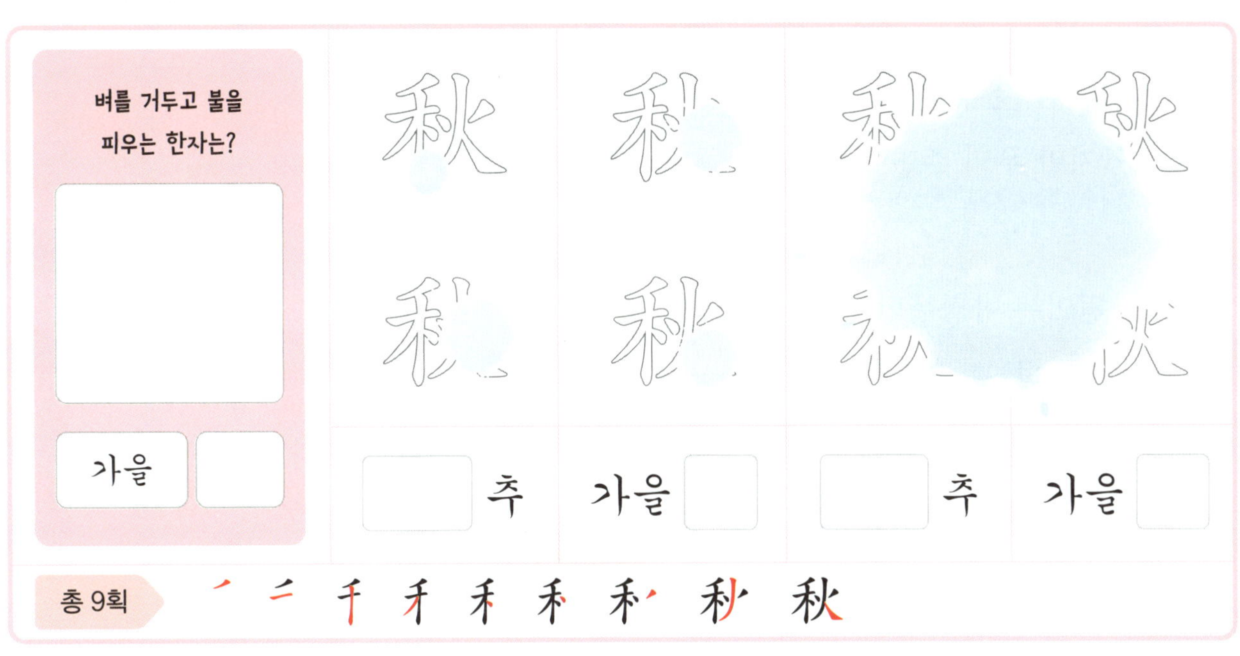

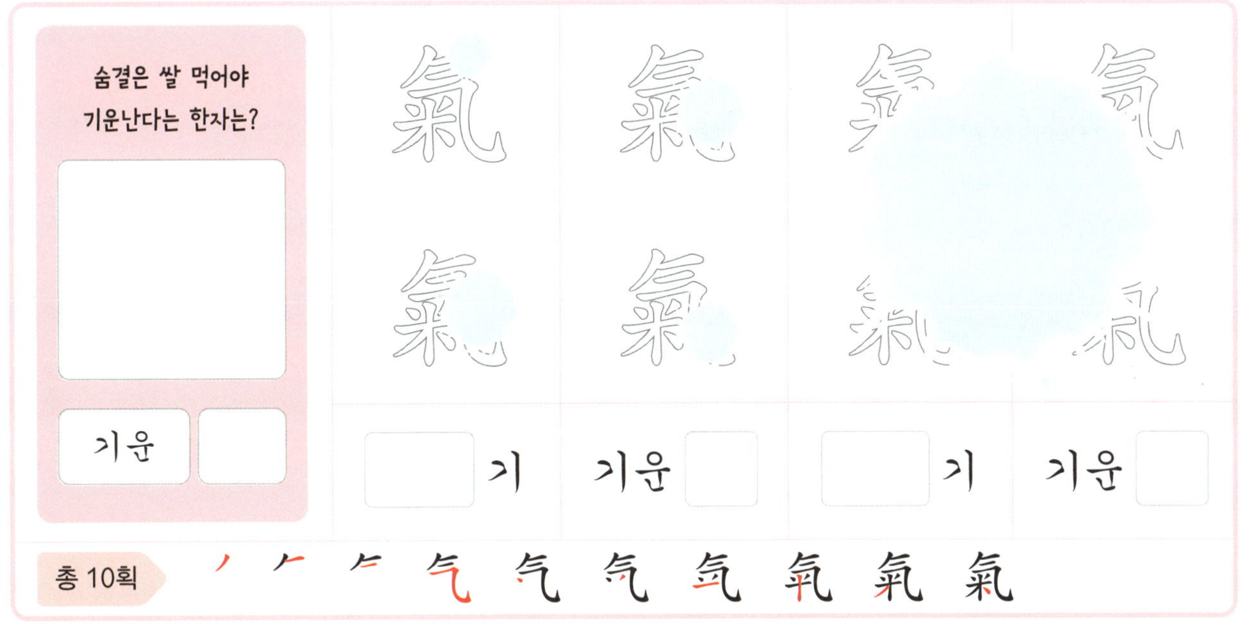

 한자의 음을 쓰세요.

① 가을의 시작 **立秋**   ② 생생한 기운 **生氣**

③ 가을날의 경치 **秋色**   ④ 하늘의 기체 **空氣** 공

예습! 7급 한자 空(빌 공)   복습! 8급 한자 生(날 생)

한자의 음을 써 봐!

과학 3

1 기체인 **空氣**는 눈에 보이지 않지만 우리 주변에 있어요.

공

2 규민이는 아침부터 **生氣**가 넘쳐 보입니다.

3 산은 붉고 노란 옷으로 갈아입어 완전한 **秋色**입니다.

4 **立秋**가 지났는데도 날씨가 덥습니다.

밑줄 친 뜻에 해당하는 한자를 찾거나, 음에 해당하는 한자어를 <보기>에서 찾아보세요.

<보기>   ① 空氣   ② 生氣   ③ 秋   ④ 氣   ⑤ 立秋

1. 학생들의 <u>생기</u>발랄한 모습이 보기 좋습니다. ________

2. <u>입추</u>가 지나도 가을은 멀기만 합니다. ________

3. 팔다리에 <u>기운</u>이 없습니다. ________

4. <u>가을</u>바람이 산들산들 불어옵니다. ________

정답 ❶ 공기 ❷ 생기 ❸ 추색 ❹ 입추 | 1. ② 2. ⑤ 3. ④ 4. ③

16

꽃봉오리 피지 않은 아닐 不, 개구리밥 물에 평평할 平

아닐 **불**

평평할 **평**

'아닐 불'은 꽃망울 밑에 꽃받침이 있는
꽃봉오리를 그렸어요. 꽃봉오리가
아직 피지 않은 모양이에요.

'평평할 평'은 개구리밥에 잔뿌리가 나면서
물에 뿌리를 내려 고루 번지는 모양이에요.

풀이말 풀이말을 큰 소리로 읽으며 획을 따라 쓰세요.

따라 써 봐!

不	不	不		不
풀이말 꽃망울 꽃받침	꽃봉오리가	아직 피지 않은	아닐 불	아닐 ☐

平	平		平	平
풀이말 개구리밥에 잔뿌리 나고	물에 뿌리내려	평평할 평	평평할 ☐

도움말 不(아닐 불)은 음이 'ㄷ', 'ㅈ'으로 시작하는 한자 앞에서는 '부'로 읽어요. ▶ 不動(부동), 不正(부정)

 **한자 어휘**　한자의 음을 쓰세요.

❶ 편하지 않음 **不便** 

❷ 주말이 아닌 보통날 **平日** 

❸ 편안하지 않음 **不安** 

❹ 기울지 않고 평평한 **水平** 

복습! 8급 한자　日(날 일) 水(물 수)

 **어휘 활용** 문장을 소리 내어 읽고 한자의 음을 쓰세요.

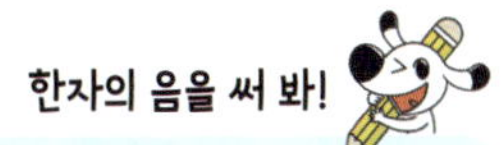

1 오늘은 **平日**이어서 공원에
사람이 많지 않습니다.

과학 3
2 어항을 나무로 만들면
어떤 점이 **不便**할까요?

3 **不安**한 밤이 지나고
날이 밝았습니다.

과학 3
4 **水平** 잡기 활동으로 물체의
무게를 비교할 수 있어요.

밑줄 친 뜻에 해당하는 한자를 찾거나, 음에 해당하는 한자어를 〈보기〉에서
찾아보세요.

〈보기〉 ① 不便   ② 平日   ③ 不安   ④ 水平   ⑤ 不

1. 학교 도서관은 평일 오후 6시까지 운영합니다. ______

2. 다리와 수평이 되도록 팔을 쭉 뻗었습니다. ______

3. 다리가 불편한 사람은 자리에 앉아도 좋습니다. ______

4. 자녀의 귀가가 늦으면 부모는 항상 불안합니다. ______

17

풀싹이 구덩이에서 날 出, 콩을 다시 잘라 적을 少

날 **출**

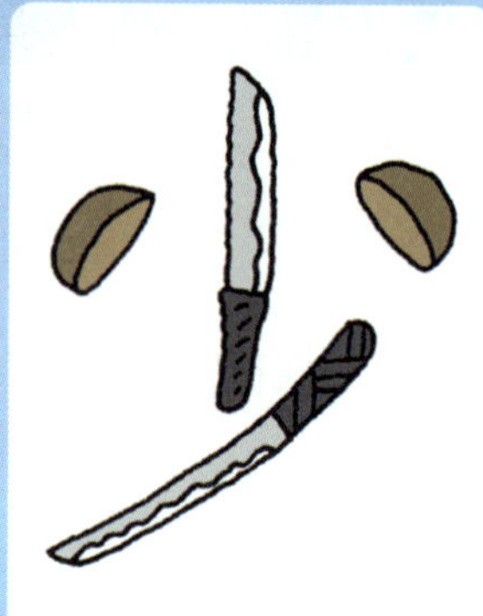

적을 **소**

'날 출'은 풀싹이 구덩이에서
자라는 모습이에요.

'적을 소'는 자른 콩을 다시 자른
모양이에요. 두 번이나 잘랐으니
남은 콩의 양이 적어요.

풀이말 풀이말을 큰 소리로 읽으며 획을 따라 쓰세요.

따라 써 봐!

풀의 싹이	구덩이에서 나오니	날 출	날

자른 콩을	다시 잘라	남은 것이 적은	적을 소	적을

도움말 出(날 출)은 풀의 싹(屮)과 구덩이(凵)를 합친 글자예요. 小(작을 소)는 크기가 작다는 뜻이고, 少(적을 소)는 양이 적다는 뜻이에요. 少는 '젊을 소'라는 뜻도 있어요.

반의어 出(날 출) ↔ 入(들 입) / 少(적을 소) ↔ 多(많을 다), 少(젊을 소) ↔ 老(늙을 로)

물방울 한자 물방울 ○ 에 가려진 한자를 필순에 맞게 쓰고, 빈칸에 훈과 음을 쓰세요.

풀의 싹이 구덩이에서 자라는 한자는?

날

총 5획 丨 屮 屮 出 出

☐ 출   날 ☐   ☐ 출   날 ☐

자른 콩을 다시 자른 한자는?

적을

총 4획 丿 小 小 少

☐ 소   적을 ☐   ☐ 소   적을 ☐

한자 어휘 한자의 음을 쓰세요.

1 세상에 나옴 **出生**

2 나이 어린 여자 **少女**

3 밖으로 나감 **外出**

4 적은 수 **少數**   수

예습! 7급 한자 數(셈 수)   복습! 8급 한자 生(날 생) 女(여자 녀) 外(바깥 외)

한자의 음을 써 봐!

1 우리는 **少數**의 의견을 존중해야 합니다.

수

2 건너편에 앉은 **少女**가 생그레 웃었습니다.

국어 4
3 **外出** 후에는 흐르는 물에 비누로 30초 이상 손을 씻어야 해.

4 그는 외가가 있는 시골에서 **出生**했습니다.

도전! 7급 시험

밑줄 친 뜻에 해당하는 한자를 찾거나, 음에 해당하는 한자어를 〈보기〉에서 찾아보세요.

〈보기〉　① 出　② 少　③ 外出　④ 出生　⑤ 少數

1. 하나하나 세어보지 않아도 많은지 <u>적은지</u> 알아요. ________

2. 다수를 위해 <u>소수</u>가 희생되면 안 됩니다. ________

3. 푸른 새싹들이 흙덩이를 떠밀고 <u>나옵니다</u>. ________

4. 지금 아버지는 <u>외출</u>하시고 안 계십니다. ________

정답　**1** 소수　**2** 소녀　**3** 외출　**4** 출생　｜　1. ②　2. ⑤　3. ①　4. ③

빈칸에 알맞은 한자와 훈음을 쓰세요.

不

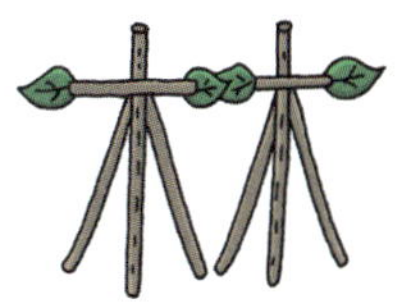

氣

林

수플 림

少

올 래

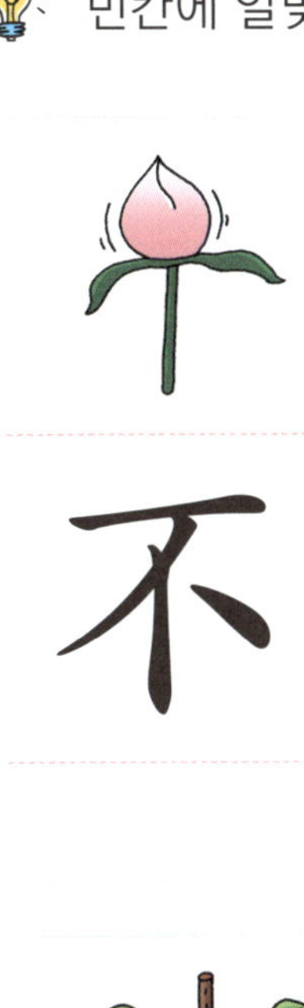

쉴 휴

平

來

村

出

秋

기운 기

林

날 출

休

<보기> 休 村 林 來 秋 氣 不 平 出 少

① 입　　가 지났는데도 날씨가 덥습니다.

② 길에　　지를 함부로 버리면 안 됩니다.

③ 이곳은 수목이 울창한 산　　지대입니다. 

④ 기체인 공　　는 눈에 보이지 않지만 우리 주변에 있어요.

⑤ 수　　잡기 활동으로 물체의 무게를 비교할 수 있어요.

⑥ 　　일 미술 준비물이 무엇인지 알려 줄 수 있니?

⑦ 외　　후에는 흐르는 물에 비누로 30초 이상 손을 씻어야 해.

⑧ 우리는　　수의 의견을 존중해야 합니다.

⑨ 　　안한 밤이 지나고 날이 밝았습니다.

⑩ 젊은이들이 농　　에서 새 삶의 터전을 마련합니다. 

7급 급수 시험 예상 문제

[1~8] 다음 한자어의 음(音: 소리)을 쓰세요.

1. 밤 空^공氣가 차갑습니다. _______________

2. 눈 감고 **不安**한 마음을 달래봅니다. _______________

3. **休日**이어서 시내가 한산합니다. _______________

4. **農村** 지역의 인구가 줄었습니다. _______________

5. 이곳은 **山林** 지대입니다. _______________

6. **平日**보다 일찍 퇴근했습니다. _______________

7. **少女**가 생그레 웃었습니다. _______________

8. 병원은 **外來** 환자들로 붐볐습니다. _______________

[9~12] 다음 한자의 훈(訓: 뜻)과 음(音: 소리)을 쓰세요.

9. 村 _______________

10. 林 _______________

11. 來 _______________

12. 秋 _______________

[13~14] 다음 한자의 상대 또는 반대되는 한자를 〈보기〉에서 골라 그 번호를 쓰세요.

<보기> ① 老   ② 入   ③ 春

13. (　　) ↔ 秋

14. 出 ↔ (　　)

[15~16] 다음 뜻에 맞는 한자어를 〈보기〉에서 찾아 그 번호를 쓰세요.

<보기> ① 水平   ② 育林   ③ 不便   ④ 少數

15. 나무를 기름 _______________

16. 적은 수효 _______________

• 數(셈 수)

[17~18] 다음 한자의 진하게 표시한 획은 몇 번째 쓰는지 〈보기〉에서 찾아 그 번호를 쓰세요.

<보기> ① 첫 번째   ② 두 번째   ③ 세 번째   ④ 네 번째   ⑤ 다섯 번째   ⑥ 여섯 번째

17.  _______________　18.  _______________

19 손도끼 든 장인 工, 구멍을 손도끼로 뚫어 빌 空

장인 공

빌 공

'장인 공'은 손잡이와 도끼날이 있는
손도끼를 그렸어요. 손도끼 들고
물건을 만드는 장인을 가리켜요.

'빌 공'은 집 지을 때 손도끼로
구멍을 파는 모습이에요.
구멍이 뚫려 텅 빈 모양이에요.

풀이말 풀이말을 큰 소리로 읽으며 획을 따라 쓰세요.

따라 써 봐!

손잡이	도끼날	손도끼로 물건 만드는	장인 공	장인 □

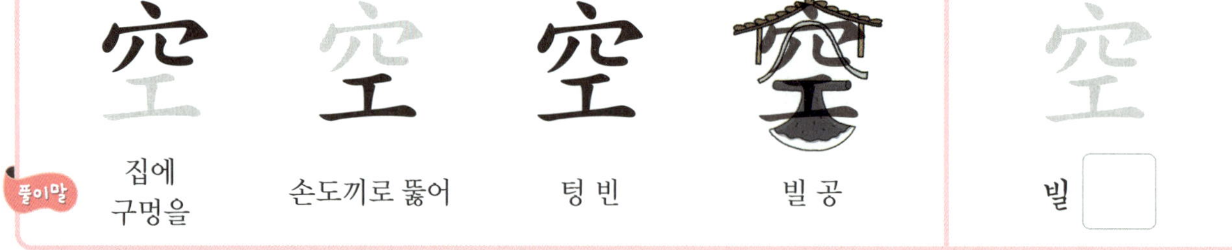

집에 구멍을	손도끼로 뚫어	텅 빈	빌 공	빌 □

도움말 空은 穴(구멍 혈)과 工(장인 / 손도끼 공)을 합친 글자예요.

물방울 🔵 에 가려진 한자를 필순에 맞게 쓰고, 빈칸에 훈과 음을 쓰세요.

한자의 음을 쓰세요.

1 토목이나 건축 일 **工事**

2 하늘과 땅 사이 **空中**

3 나무로 물건 만드는 **木工**

4 공중에서 싸우는 **空軍**

복습! 8급 한자 中(가운데 중) 木(나무 목) 軍(군사 군)

문장을 소리 내어 읽고 한자의 음을 쓰세요.

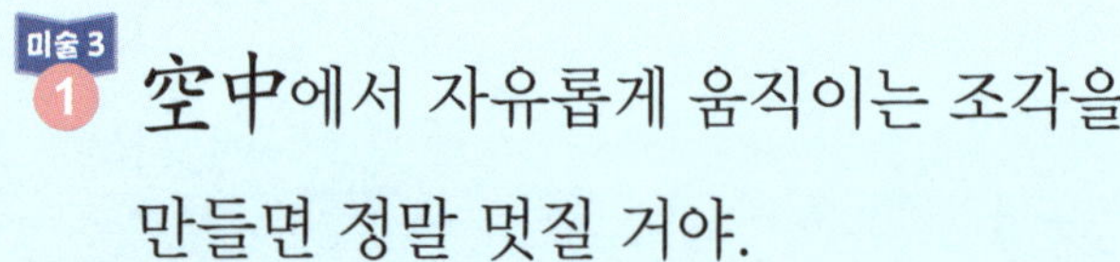

미술 3

1 空中에서 자유롭게 움직이는 조각을 만들면 정말 멋질 거야.

2 아파트 工事가 진행되고 있습니다.

3 三寸은 가구 회사에서 木工 일을 하십니다.

4 형은 육군, 나는 空軍에 입대할 것입니다.

복습! 8급 한자 三(석 삼) 寸(마디 촌)

밑줄 친 뜻에 해당하는 한자를 찾거나, 음에 해당하는 한자어를 <보기>에서 찾아보세요.

<보기> ① 工事   ② 空中   ③ 木工   ④ 空   ⑤ 空軍

1. 새는 공중을 자유롭게 날아다닙니다. __________
2. 목공 풀을 이용해 나무 기둥 모양으로 붙이세요. __________
3. 남윤이는 빈 캔을 쓰레기통에 버렸습니다. __________
4. 공사 중 통행에 불편을 드려 죄송합니다. __________

정답 ① 공중 ② 공사 ③ 삼촌, 목공 ④ 공군 | 1. ② 2. ③ 3. ④ 4. ①

물이 갈라져 흐르는 강 江, 문 옆 도끼 놓는 곳 바 所

강 강

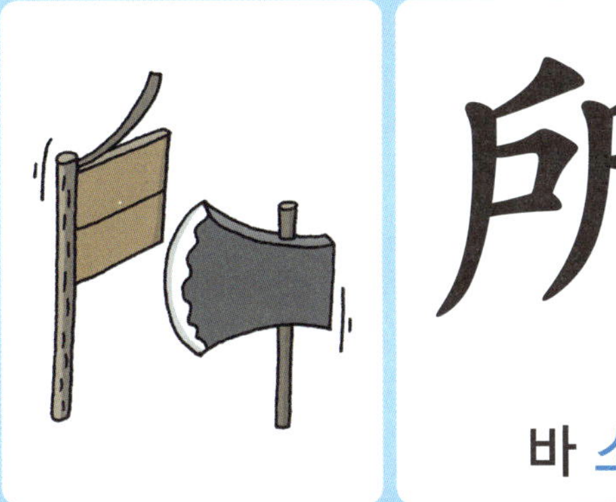

바 소

'강 강'은 물이 손도끼로 찍은 것처럼
갈라져 흐르는 모양이에요.

'바 소'는 외짝 문과 도끼를 그려
문 옆에 도끼를 놓는 '곳'을 가리켜요.

 **풀이말** 풀이말을 큰 소리로 읽으며 획을 따라 쓰세요.

따라 써 봐!

| 풀이말 | 물이 | 도끼로 찍은 듯 | 갈라져 흐르는 | 강 강 | 강 |

| 풀이말 | 외짝 문 옆에 | 도끼 놓는 곳 | 바 소 | 바 |

도움말 所(바 소)는 장소를 가리키는 '곳'과 '~하는 것'을 말하는 '바'라는 뜻이 있어요.

반의어 江(강 강) ↔ 山(메 산)

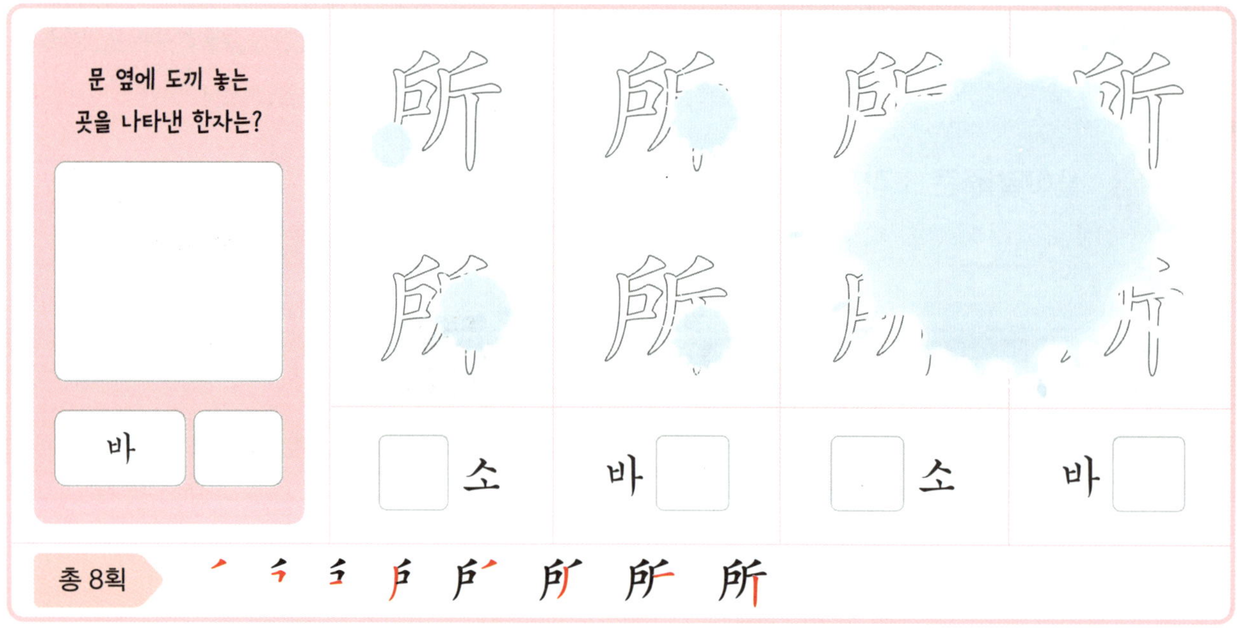

 한자 어휘　한자의 음을 쓰세요.

❶ 강과 산 **江山**　　　　　❷ 일이 이루어지는 곳 **場所**

❸ 강의 남쪽 **江南**　　　　　❹ 매우 귀중한 것 **所重**　　중

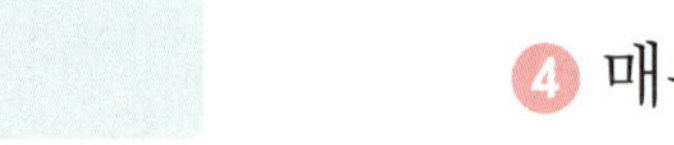
예습! 7급 한자　重(무거울 중)　　복습! 8급 한자　山(메 산) 南(남녘 남)

문장을 소리 내어 읽고 한자의 음을 쓰세요.

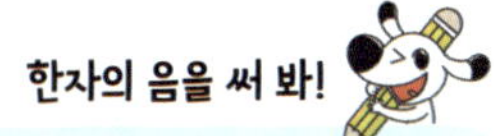

국어 3
1 갯벌은 우리와 함께 살아가는 所重한 장소입니다.

중

과학 4
2 우리 학교나 집 주변의 지진 대피 場所를 이야기해 봅시다.

3 봄이 되면 江南 갔던 제비가 돌아옵니다.

미술 4
4 江山에 펼친 풍요로운 세상, 江山무진도.

밑줄 친 뜻에 해당하는 한자를 찾거나, 음에 해당하는 한자어를 〈보기〉에서 찾아보세요.

〈보기〉 　① 江山　② 江　③ 江南　④ 所重　⑤ 場所

1. 진정 <u>소중</u>한 것은 우리 가까이 있어. ________

2. 팔도<u>강산</u> 어디나 아름답습니다. ________

3. 봄나들이 <u>장소</u>를 살펴봅시다. ________

4. <u>강남</u>과 강북 중 어디가 인구가 많나요? ________

21 쟁기로 일하는 힘 力, 밭에서 힘써 일하는 사내 男

힘 력

사내 남

'힘 력'은 굽은 나무로 만든
쟁기를 그렸어요. 쟁기는 밭을 갈려고
힘써 일하는 데 써요.

'사내 남'은 밭에서 힘써 일하는
사내를 가리켜요.

풀이말 풀이말을 큰 소리로 읽으며 획을 따라 쓰세요.

따라 써 봐!

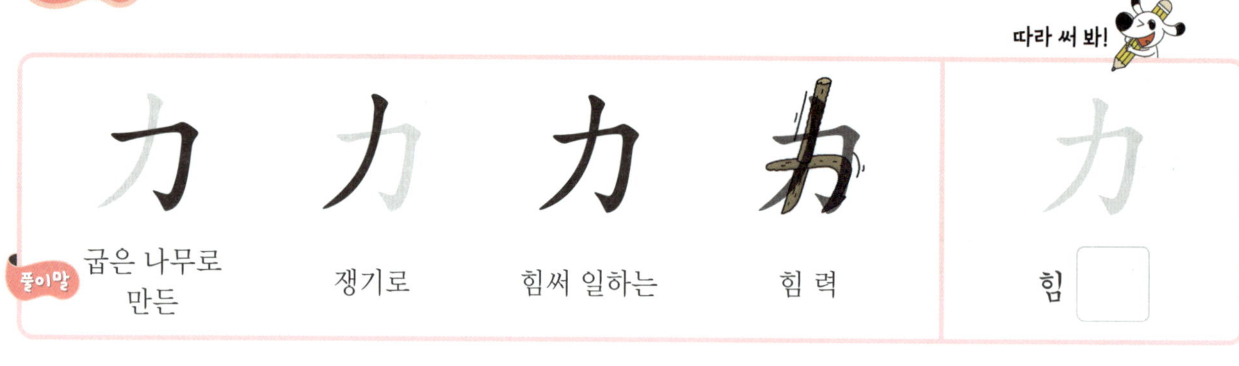

力	力	力	力	力
굽은 나무로 만든	쟁기로	힘써 일하는	힘 력	힘 ☐

풀이말

男	男	男	男
밭에서	힘써 일하는	사내 남	사내 ☐

풀이말

도움말 男(사내 남)은 田(밭 전)과 力(힘 력)을 합쳐 밭에서 힘써 일하는 사내를 가리켜요.

반의어 男(사내 남) ↔ 女(여자 녀)

 물방울 한자 물방울 ◯ 에 가려진 한자를 필순에 맞게 쓰고, 빈칸에 훈과 음을 쓰세요.

 한자 어휘 한자의 음을 쓰세요.

❶ 살아 움직이는 힘 **活力**

❷ 맏아들 **長男**

❸ 불탈 때 열의 힘 **火力**

❹ 부부의 남자 쪽 **男便**

복습! 8급 한자 長(긴/어른 장) 火(불 화)

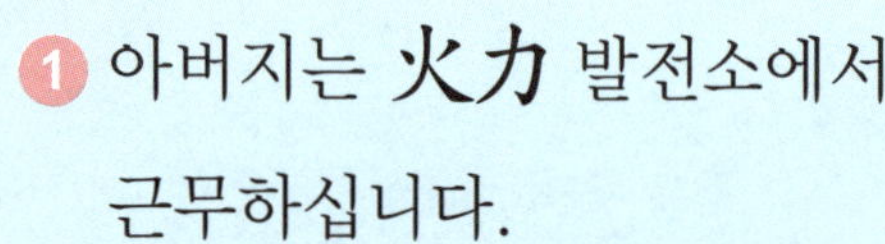

한자의 음을 써 봐!

1 아버지는 **火力** 발전소에서
근무하십니다.

2 저는 다섯 **兄弟** 중 **長男**입니다.

,

3 좋은 음악은 생활에 **活力**을
줍니다.

4 **男便**은 아내에게 월급봉투를
내밀었습니다.

복습! 8급 한자 兄(형 형) 弟(아우 제)

밑줄 친 뜻에 해당하는 한자를 찾거나, 음에 해당하는 한자어를 〈보기〉에서
찾아보세요.

〈보기〉   ① 活力   ② 長男   ③ 火力   ④ 男   ⑤ 力

1. 전에는 <u>장남</u>에게 큰 기대를 했습니다. ________

2. <u>남자</u>아이는 바지와 저고리를 입습니다. ________

3. 여행은 틀에 박힌 생활에 <u>활력</u>을 줍니다. ________

4. 발의 <u>힘</u>을 조절해 공을 차야 합니다. ________

정답 **1** 화력 **2** 형제, 장남 **3** 활력 **4** 남편 │ 1. ② 2. ④ 3. ① 4. ⑤

22

네모 깃발 모 方, 깃발 들고 가리키는 기 旗

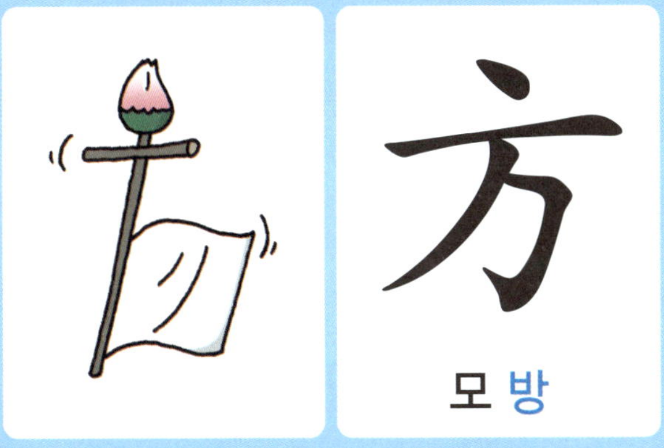

모 방

'모 방'은 깃봉 아래에 매단
네모 깃발을 나타내요.

기 기

'기 기'는 고개 숙인 사람이 깃발을 들고
그곳을 가리키는 모양이에요.

풀이말 풀이말을 큰 소리로 읽으며 획을 따라 쓰세요.

따라 써 봐!

方	方	方	方	方
풀이말 깃봉 아래	네모 깃발	네모 모양	모 방	모

旗	旗	旗	旗	旗
풀이말 깃발 들고	고개 숙여	그곳을 가리키는	기 기	기

도움말 方(모 방)에서 '모'는 구석이나 모퉁이, 귀퉁이를 의미해요. 旗(기 기)에서 오른쪽의 𠂆는 고개 숙인 사람, 其는 가까운 것을 가리키는 '그 기'예요.

물방울 한자 물방울 ⬤ 에 가려진 한자를 필순에 맞게 쓰고, 빈칸에 훈과 음을 쓰세요.

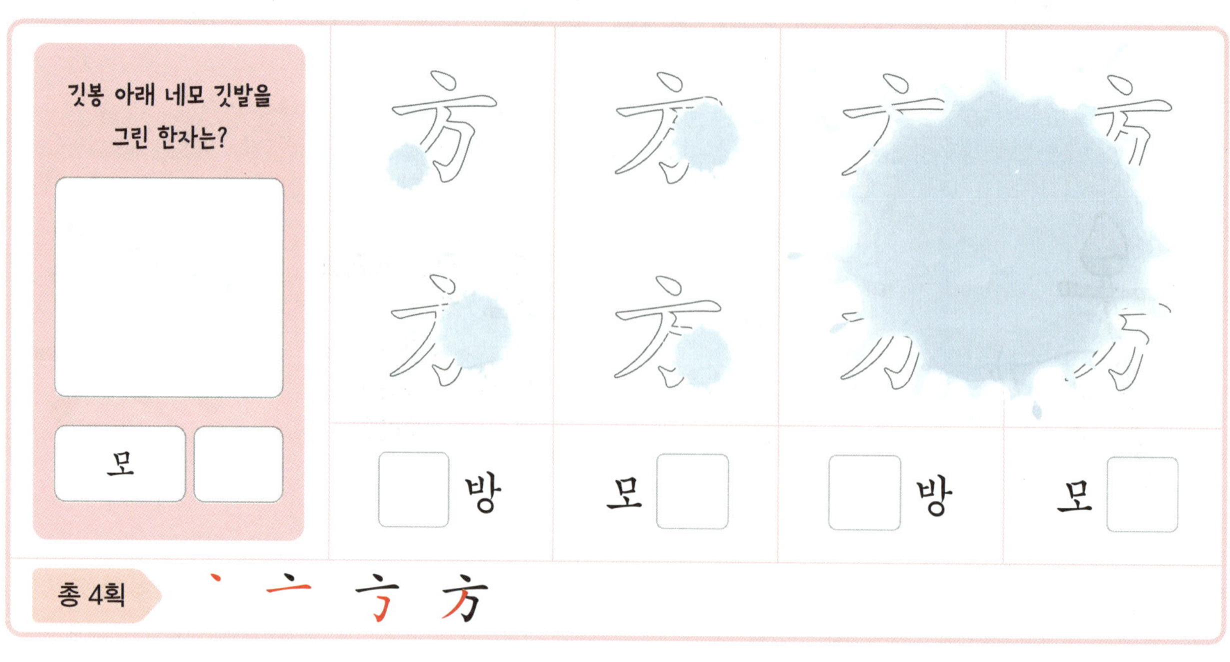

깃봉 아래 네모 깃발을 그린 한자는?

모

총 4획 ` 一 方 方

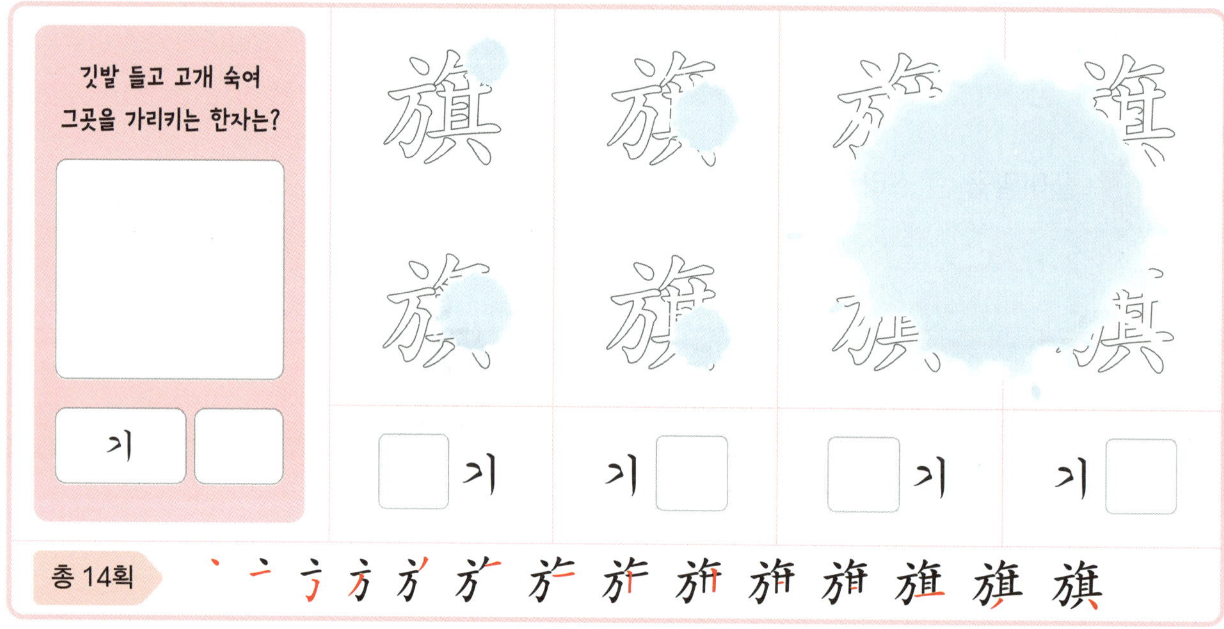

깃발 들고 고개 숙여 그곳을 가리키는 한자는?

기

총 14획 ` 一 方 方 方 方 旂 旂 旗 旗 旗 旗

한자 어휘 한자의 음을 쓰세요.

① 동서남북 네 방위 **四方**   ② 나라를 대표하는 기 **國旗** 

③ 동쪽 **東方**   ④ 기를 드는 사람 **旗手** 

복습! 8급 한자 四(넉 사) 國(나라 국) 東(동녘 동)

 **어휘 활용** 문장을 소리 내어 읽고 한자의 음을 쓰세요.

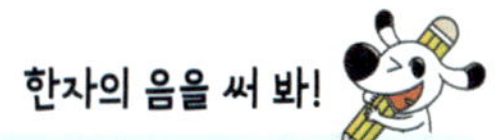

국어 3
1 캐나다 사람들은 **國旗**에
빨간 단풍잎을 그려 넣었어.

국어 3
2 할아버지는 어리둥절해서
四方을 둘러보았습니다.

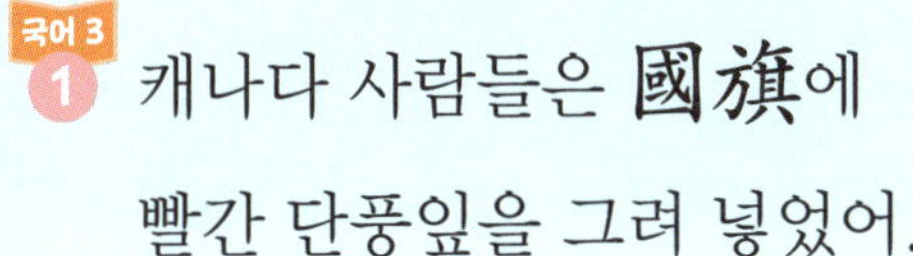

3 **東方**박사가 별을 보고
찾아왔습니다.

4 우리 선수단이 **旗手**를 앞세우고
入場했습니다.

밑줄 친 뜻에 해당하는 한자를 찾거나, 음에 해당하는 한자어를 〈보기〉에서
찾아보세요.

〈보기〉   ① 四方   ② 國旗   ③ 東方   ④ 方   ⑤ 旗手

1. 현충일에는 국기를 한 폭 내려 답니다. _________

2. 오방색에서 동방은 청색, 서방은 흰색입니다. _________

3. 청군의 푸른 깃발이 기수의 손에서 펄럭입니다. _________

4. 사방이 칠흑 같은 어둠에 싸였습니다. _________

23

바퀴에 굴대 끼운 수레 車, 물에 풀어 만드는 종이 紙

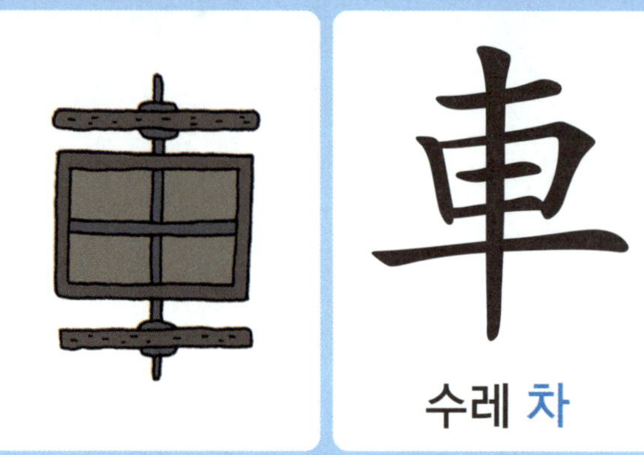

수레 차

'수레 차'는 바퀴, 짐칸, 굴대를 그렸어요.

종이 지

'종이 지'는 나무껍질을 가는 실 모양으로
물에 풀어 만든 종이를 나타내요.

풀이말을 큰 소리로 읽으며 획을 따라 쓰세요.

따라 써 봐!

풀이말	바퀴, 짐칸, 바퀴에	굴대 끼운	수레 차	수레

풀이말	가는 실을	뿌리 모양으로	물에 풀어 건져 말린	종이 지	종이

도움말 車(수레 차)는 자전거(車)처럼 '수레 거'로도 읽어요. 紙(종이 지)에서 糹는 실타래(糸)와 실마리(小)를 합친 '가는 실 사'예요. 또 氏는 나무껍질을 물에 풀어 氏자 모양으로 흩어진 것을 가리켜요.

물방울 🔵 **에 가려진 한자를 필순에 맞게 쓰고, 빈칸에 훈과 음을 쓰세요.**

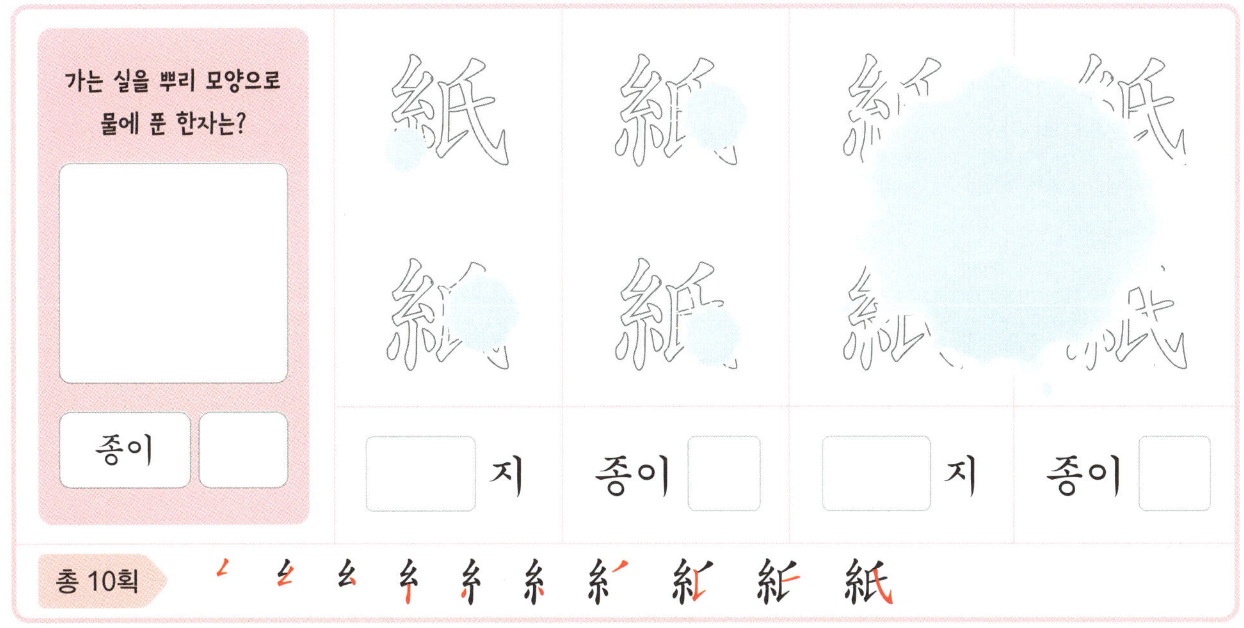

한자의 음을 쓰세요.

① 이름난 자동차 **名車**   ② 글이 없는 빈 종이 **白紙**

③ 흰색 순찰차 **白車**   ④ 답을 적는 종이 **答紙**   답

예습! 7급 한자 答(대답 답)   복습! 8급 한자 白(흰 백)

어휘 활용 문장을 소리 내어 읽고 한자의 음을 쓰세요.

1 자동차 전시회에는 세계의 **名車**들이 선보였습니다. 

2 철수는 맨 먼저 **答紙**를 제출하고 밖으로 나갔습니다.

답

3 대통령이 탄 차를 **白車**가 호위했습니다.

수학 3
4 "**白紙**장도 맞들면 낫다."라는 속담 알아?

장

밑줄 친 뜻에 해당하는 한자를 찾거나, 음에 해당하는 한자어를 <보기>에서 찾아보세요.

<보기>　①名車　②白紙　③白車　④答紙　⑤紙

1. 백지에 쓴 낙서가 눈에 띕니다. ________

2. 사이렌을 울리며 백차가 지나갔습니다. ________

3. 나영아, 너는 종이접기를 잘하는구나! ________

4. 속도가 빠른 그 차는 3대 명차 중 하나입니다. ________

정답 ① 명차 ② 답지 ③ 백차 ④ 백지 | 1. ② 2. ③ 3. ⑤ 4. ①

24 19~23과 복습하기

 빈칸에 알맞은 한자와 훈음을 쓰세요.

江

旗

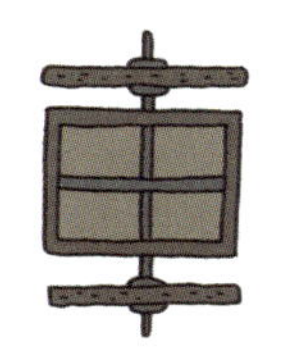

수레 차

空

모 방

力

男

方

종이 지

所

紙

工

車

바 소

기 기

| <보기> | 工　空　江　所　力　男　方　旗　車　紙 |

1. 저는 다섯 형제 중 장　　입니다.

2. 동　　박사가 별을 보고 찾아왔습니다.

3. 자동차 전시회에는 세계의 명　　들이 선보였습니다.

4. 캐나다 사람들은 국　　에 빨간 단풍잎을 그려 넣었어.

5. 삼촌은 가구 회사에서 목　　일을 하십니다.

6. 철수는 맨 먼저 답　　를 제출하고 밖으로 나갔습니다.

7. 봄나들이 장　　를 찾아봅시다.

8. 새는　　중을 자유롭게 날아다닙니다.

9. 봄이 되면　　남 갔던 제비가 돌아옵니다.

10. 아버지는 화　　발전소에서 일하십니다.

맞힌 개수 / 18 개

[1~8] 다음 한자어의 음(音: 소리)을 쓰세요.

<보기>　漢字 → 한자

1. **四方**이 산으로 둘러싸여 있습니다.

____

2. 독수리가 **空中**으로 날아갔습니다.

____

3. **長男**에 대한 기대치가 높습니다.

____

4. 무궁화 삼천리 화려 **江山**.

____

5. 문화재를 **所重**히 생각합니다.

____

6. 그는 **木工**을 배웠습니다.

____

7. **答紙**를 반면만 채웠습니다.

____

8. 음악은 생활에 **活力**을 줍니다.

____

[9~12] 다음 한자의 훈(訓: 뜻)과 음(音: 소리)을 쓰세요.

<보기>　字 → 글자 자

9. 江 _______

10. 旗 _______

11. 方 _______

12. 車 _______

[13~14] 다음 한자의 상대 또는 반대되는 한자를 <보기>에서 골라 그 번호를 쓰세요.

<보기>　① 女　② 弟　③ 山

13. 江 ↔ ( )

14. 男 ↔ ( )

[15~16] 다음 뜻에 맞는 한자어를 <보기>에서 찾아 그 번호를 쓰세요.

<보기>　① 長男　② 國旗　③ 白紙　④ 活力

15. 흰 종이 _______

16. 나라의 기 _______

[17~18] 다음 한자의 진하게 표시한 획은 몇 번째 쓰는지 <보기>에서 찾아 그 번호를 쓰세요.

<보기>　③ 세 번째　④ 네 번째　⑤ 다섯 번째　⑥ 여섯 번째　⑦ 일곱 번째　⑧ 여덟 번째

17. 車 _______　18. 男 _______

25 촛불이 촛대 한가운데 주인 主, 사람이 주인으로 살 住

주인 주

살 주

'주인 주'는 촛불이 촛대 한가운데서 빛을 내며 타는 모양을 그렸어요. '한가운데'라는 뜻에서 집의 '주인'을 가리켜요.

'살 주'는 사람이 집의 주인으로 머물며 사는 모습이에요.

풀이말을 큰 소리로 읽으며 획을 따라 쓰세요.

따라 써 봐!

풀이말 촛불이	촛대 한가운데	주인처럼 빛을 내는	주인 주	주인 ☐

풀이말 사람이	주인으로	머물며 사는	살 주	살 ☐

도움말 主(주인 주)의 ` (점)아래는 크고 화려한 '왕 도끼'를 그린 王(임금 왕)과 모양이 같아요.

물방울 한자   물방울 ⬤ 에 가려진 한자를 필순에 맞게 쓰고, 빈칸에 훈과 음을 쓰세요.

촛불이 촛대 한가운데에 있는 모양을 그린 한자는?

주인

☐ 주   주인 ☐   ☐ 주   주인 ☐

총 5획   ` 亠 宀 宀 主

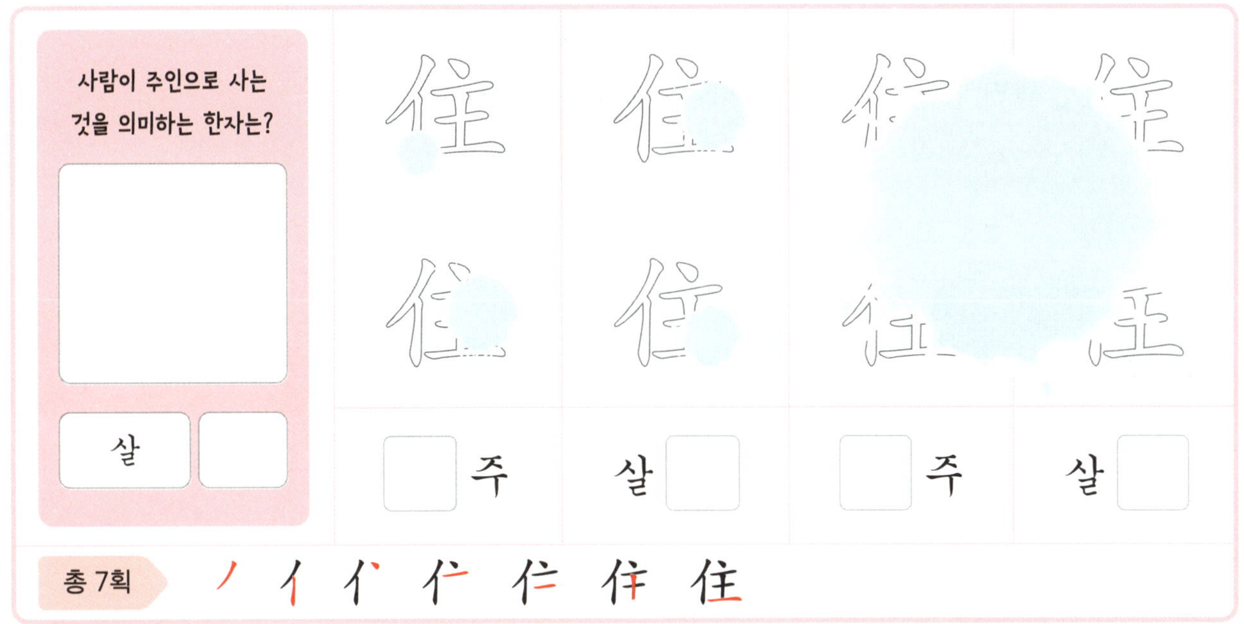

사람이 주인으로 사는 것을 의미하는 한자는?

살

☐ 주   살 ☐   ☐ 주   살 ☐

총 7획   ノ イ イ 亻 亻 住 住

한자 어휘   한자의 음을 쓰세요.

① 물건을 가진 사람 **主人** ☐

② 살고 있는 곳 **住所** ☐

③ 국민이 주인 **民主** ☐

④ 지역에 사는 사람 **住民** ☐

복습! 8급 한자   人(사람 인) 民(백성 민)

한자의 음을 써 봐!

1 이번 선거는 **民主**적으로
잘 치러졌습니다.

☐ 적

2 학교 홈페이지 **住所**를 알려주세요.

미술 4
3 작품 속 집의 **主人**이 되어
집을 소개해 볼까요?

4 **住民** 센터 방문을 환영합니다.

도전!
7급
시험

밑줄 친 뜻에 해당하는 한자를 찾거나, 음에 해당하는 한자어를 〈보기〉에서
찾아보세요.

〈보기〉   ① 主人   ② 住   ③ 民主   ④ 住所   ⑤ 住民

1. 외할머니는 외삼촌과 함께 <u>살고</u> 계십니다.　　＿＿＿＿＿

2. 나는 <u>주인</u>으로서 무엇을 해야 할지 생각합니다.　　＿＿＿＿＿

3. <u>주민</u> 센터는 우체국 옆에 있습니다.　　＿＿＿＿＿

4. <u>민주</u>주의는 공명정대한 선거에서 출발합니다.　　＿＿＿＿＿

정답 **1** 민주 **2** 주소 **3** 주인 **4** 주민 | 1.② 2.① 3.⑤ 4.③

26 깃발 내건 가게 저자 市, 밭 갈고 흙 일구는 마을 里

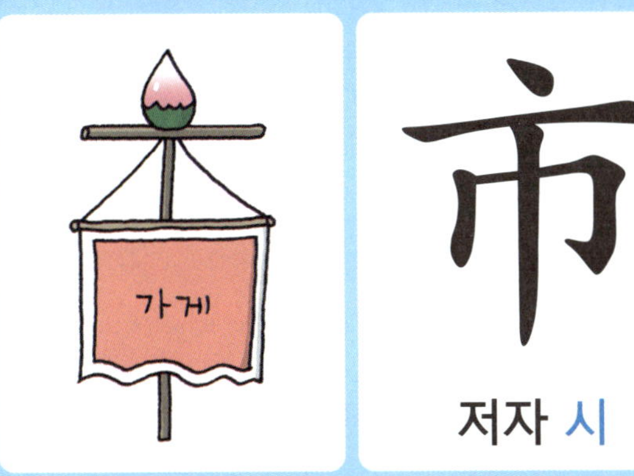

'저자 시'는 깃봉 아래 수건 모양의 광고
깃발을 걸어놓은 가게를 그렸어요.
'저자'는 '가게'의 옛말이에요.

'마을 리'는 밭을 갈고 흙을 일구며
살아가는 농촌 마을을 가리켜요.

 풀이말 풀이말을 큰 소리로 읽으며 획을 따라 쓰세요.

따라 써 봐!

도움말 市(저자 시)의 巾은 막대에 수건을 걸어 놓은 '수건 건'이에요. 여기서 巾은 가게를 알리는 광고 깃발이에요. 里(마을 리)는 거리 단위로도 쓰여 마을 사이의 거리(약 400m)를 나타내요.

물방울 한자 물방울 에 가려진 한자를 필순에 맞게 쓰고, 빈칸에 훈과 음을 쓰세요.

깃봉 아래 수건 깃발을 내건 가게를 뜻하는 한자는?

市 市 市 市
市 市 市 市

저자 [ ] | [ ] 시 | 저자 [ ] | [ ] 시 | 저자 [ ]

총 5획 丶 亠 亣 市 市

밭 갈고 흙 일구며 사는 마을을 뜻하는 한자는?

里 里 里 里
里 里 里 里

마을 [ ] | [ ] 리 | 마을 [ ] | [ ] 리 | 마을 [ ]

총 7획 丨 冂 日 日 旦 甲 里

한자 어휘 한자의 음을 쓰세요.

1. 시에 사는 市民
2. 우리나라 三千里
3. 시를 책임지는 市長
4. 약 4 Km 거리 十里

복습! 8급 한자 民(백성 민) 三(석 삼) 長(긴/어른 장) 十(열 십)

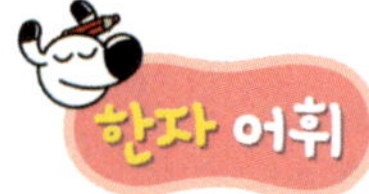

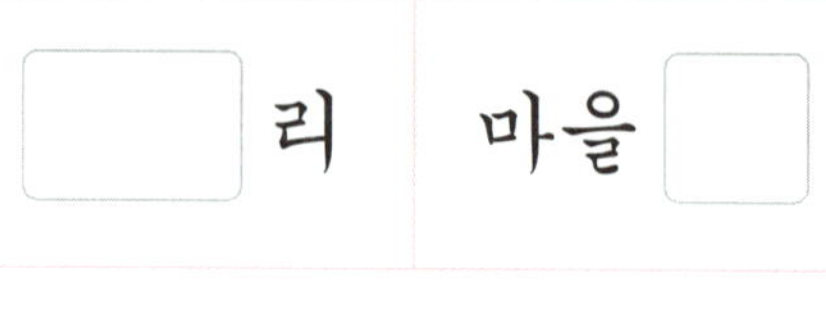

 **어휘 활용** 문장을 소리 내어 읽고 한자의 음을 쓰세요.

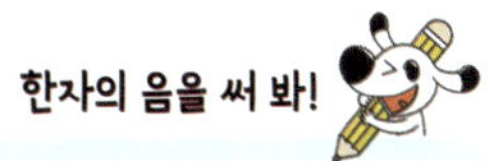

1 주말에 한강 **市民** 공원에서
자전거를 탔습니다.

2 사람들은 **市長**의 연설에
감동했습니다.

3 **三千里** 방방곡곡에 해방의
기쁨이 넘쳤습니다.

4 나를 버리고 가시는 님은
十里도 못 가서 발병 난다.

밑줄 친 뜻에 해당하는 한자를 찾거나, 음에 해당하는 한자어를 〈보기〉에서
찾아보세요.

〈보기〉　① 里　② 三千里　③ 市長　④ 十里　⑤ 市民

1. 무궁화 삼천리 화려강산. ＿＿＿＿＿

2. 봇짐장수는 어두운 십리 벌판길을 걸어왔습니다. ＿＿＿＿＿

3. 우리 시는 시민 활동을 적극 지원합니다. ＿＿＿＿＿

4. 시장은 시민의 목소리에 귀를 기울였습니다. ＿＿＿＿＿

27 자루에 흙이 무거울 重, 무거운 것을 힘써 움직일 動

무거울 중

움직일 동

'무거울 중'은 고개 숙인 사람이 자루에
흙을 담으니 무거워하는 모습이에요.

'움직일 동'은 무거운 흙 자루를
힘써 옮기는 모습이에요.

풀이말 풀이말을 큰 소리로 읽으며 획을 따라 쓰세요.

따라 써 봐!

풀이말
| 고개 숙여 팔 벌리고 | 자루에 | 흙을 담으니 | 무거울 중 | 무거울 ☐ |

풀이말
| 무거운 것을 | 힘써 옮겨 | 움직일 동 | 움직일 ☐ |

도움말 重(무거울 중)은 고개 숙이고 팔 벌린 사람(⺈)이 자루(日)에 흙(土)을 마구 퍼 담아 무거운 모습이에요. 또한 자루에 흙을 거듭 담는 모습에서 '거듭 중'의 뜻으로도 써요. ➡ 二重(이중)

물방울 한자   물방울 💧 에 가려진 한자를 필순에 맞게 쓰고, 빈칸에 훈과 음을 쓰세요.

고개 숙여 자루에 흙을 퍼 담는 한자는?		
무거울 [ ]		

| [ ] 중 | 무거울 [ ] | [ ] 중 | 무거울 [ ] |

총 9획   ノ 一 ニ 一 一 戶 亩 重 重

무거운 흙 자루를 힘써 옮기는 한자는?		
움직일 [ ]		

| [ ] 동 | 움직일 [ ] | [ ] 동 | 움직일 [ ] |

총 11획   ノ 一 ニ 一 一 戶 亩 重 重 動 動

한자 어휘   한자의 음을 쓰세요.

❶ 중요하고 큼 **重大**   ❷ 나가 움직임 **出動**

❸ 두 번 거듭됨 **二重**   ❹ 움직이는 생물 **動物**

복습! 8급 한자   大(큰 대) 二(두 이)

어휘 활용 문장을 소리 내어 읽고 한자의 음을 쓰세요.

1 이번 사태가 너무 **重大**합니다.

국어 3
2 소방관이 소방차를 타고 **出動**해
불이 난 곳에 물을 뿌렸습니다.

3 날씨가 추워져 **二重** 창문으로
바꾸었습니다.

과학 3
4 산호처럼 한곳에 붙어서
사는 **動物**도 있습니다.

밑줄 친 뜻에 해당하는 한자를 찾거나, 음에 해당하는 한자어를 〈보기〉에서
찾아보세요.

〈보기〉　① **重大**　② **出動**　③ **重**　④ **動物**　⑤ **動**

1. 움직이는 만화를 만드는 기술을 배웠습니다. ＿＿＿＿＿

2. 정부는 중대 발표를 할 것이라고 밝혔습니다. ＿＿＿＿＿

3. 기린은 동물 중 가장 목이 깁니다. ＿＿＿＿＿

4. 크고 무거운 먹이는 함께 나릅니다. ＿＿＿＿＿

정답 **1** 중대 **2** 출동 **3** 이중 **4** 동물 | 1. ⑤ 2. ① 3. ④ 4. ③

28 집 안에 들인 구슬 온전 全, 대쪽의 글을 합친 대답 答

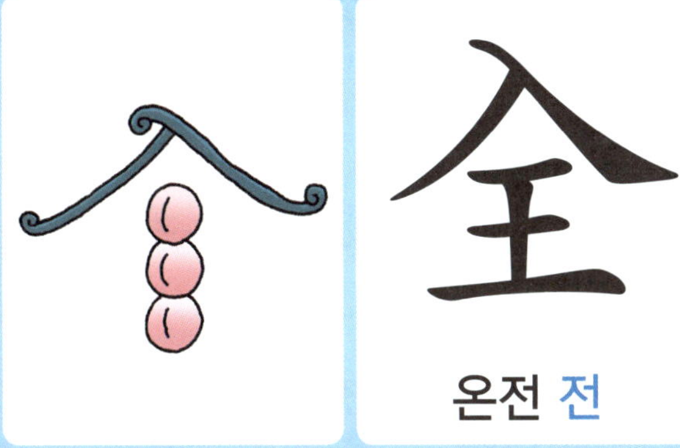

온전 전

대답 답

'온전 전'은 집 안에 들여놓은 구슬로 깨지거나 흠집 없이 온전하게 그대로인 것을 가리켜요.

'대답 답'은 대쪽에 글을 쓰고 합쳐 답하는 모양이에요.

풀이말 풀이말을 큰 소리로 읽으며 획을 따라 쓰세요.

따라 써 봐!

	全	全		
집 안에 들여놓아야	구슬이	온전하니	온전 전	온전

	答	答		
대쪽에 글 쓰고	합쳐	대답하니	대답 답	대답

도움말 全(온전 전)의 王은 여기서 '구슬 옥'의 뜻으로 쓰였어요. 答(대답 답)은 ⺮(대죽 머리)와 合(합할 합)을 합친 글자예요. ⺮은 竹(대나무 죽)의 줄임꼴로 글자 머리에 써요.

반의어 答(대답 답) ↔ 問(물을 문)

물방울 🔵 에 가려진 한자를 필순에 맞게 쓰고, 빈칸에 훈과 음을 쓰세요.

집 안에 들여놓은 구슬을 그린 한자는?

온전

□ 전	온전 □	□ 전	온전 □

총 6획 ▷ ノ 入 ㅅ ㅅ 수 全

대쪽에 글을 쓰고 합쳐 답하는 한자는?

대답

□ 답	대답 □	□ 답	대답 □

총 12획 ▷ ノ ㅅ ㅼ ㅼ 竹 竹 竹 竺 答 答 答

 한자 어휘

한자의 음을 쓰세요.

① 온 나라 **全國**　　② 스스로 대답함 **自答**

③ 한 학교 전체 **全校**　　④ 훌륭한 대답 **名答**

복습! 8급 한자　國(나라 국) 校(학교 교)

 문장을 소리 내어 읽고 한자의 음을 쓰세요.

1 주말에는 **全國**에 비가 내리겠습니다. 

2 지금 하신 그 대답은 과연 **名答**이십니다.

국어 3 3 **全校** 어린이회에서는 어떤 행사를 하면 좋을지 의논했습니다.

4 매일 밤 혼자 **自問**하고 **自答**하면서 해결 방안을 찾았습니다.

밑줄 친 뜻에 해당하는 한자를 찾거나, 음에 해당하는 한자어를 〈보기〉에서 찾아보세요.

| 〈보기〉 | ① 全國 | ② 自答 | ③ 全 | ④ 答 | ⑤ 全校 |

1. <u>전교</u>생이 운동장에 모였습니다. ＿＿＿＿＿
2. <u>전국</u>의 농산물이 이곳에 모입니다. ＿＿＿＿＿
3. 질문을 읽고 알맞은 <u>답</u>을 고르세요. ＿＿＿＿＿
4. 자문<u>자답</u>하는 버릇이 생겼습니다. ＿＿＿＿＿

29 대쪽 쌓고 손으로 셈 算, 막대 치며 헤아리는 셈 數

셈 산

셈 수

'셈 산'은 대쪽을 네모반듯하게 쌓고
두 손으로 헤아리며 셈하는 모습이에요.

'셈 수'는 머리를 거듭 땋은 여자가
막대를 치며 헤아리는 모습이에요.

풀이말 풀이말을 큰 소리로 읽으며 획을 따라 쓰세요.

따라 써 봐!

대쪽을	네모반듯 쌓고	두 손으로 셈하는	셈 산	셈 □

풀이말

數	數	數		數
머리를 거듭 땋아 올리고	막대로 헤아리며	셈하는	셈 수	셈 □

풀이말

도움말 數(셈 수)에서 왼쪽 婁는 머리를 땋아 올린 여자를 나타냈어요. 또한 오른쪽의 攵(칠 복)은 고개 숙여(亻) 막대를 휘두르는(乂) 모양이에요.

 물방울

물방울 ◯ 에 가려진 한자를 필순에 맞게 쓰고, 빈칸에 훈과 음을 쓰세요.

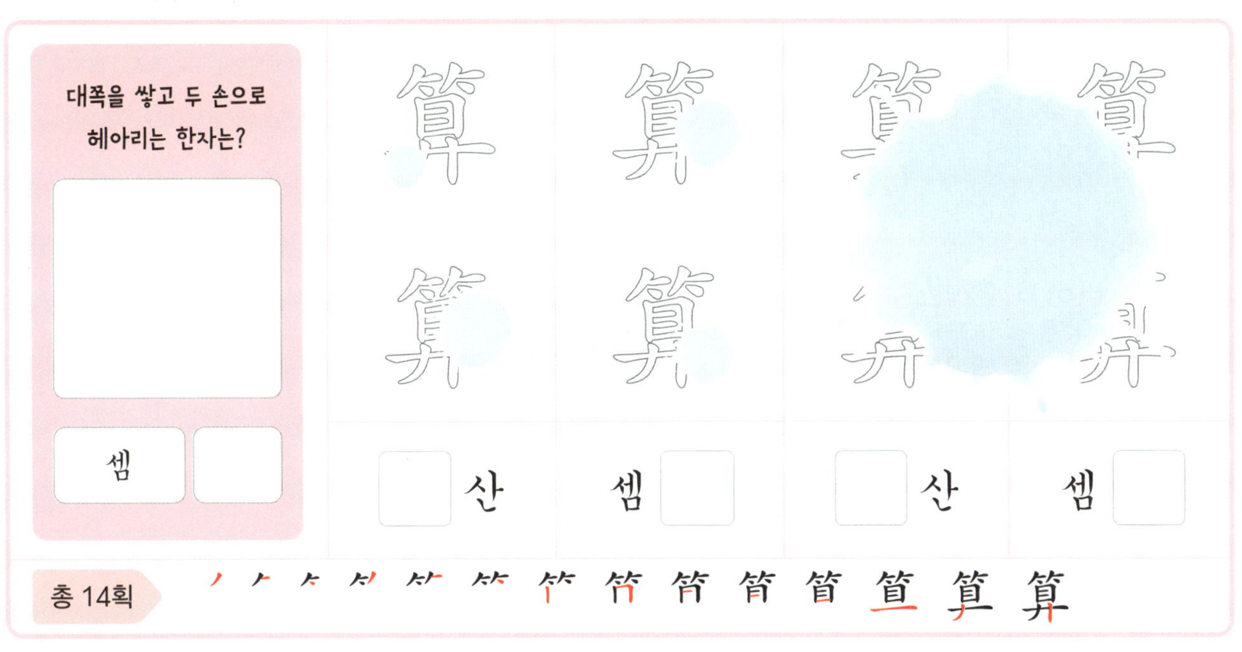

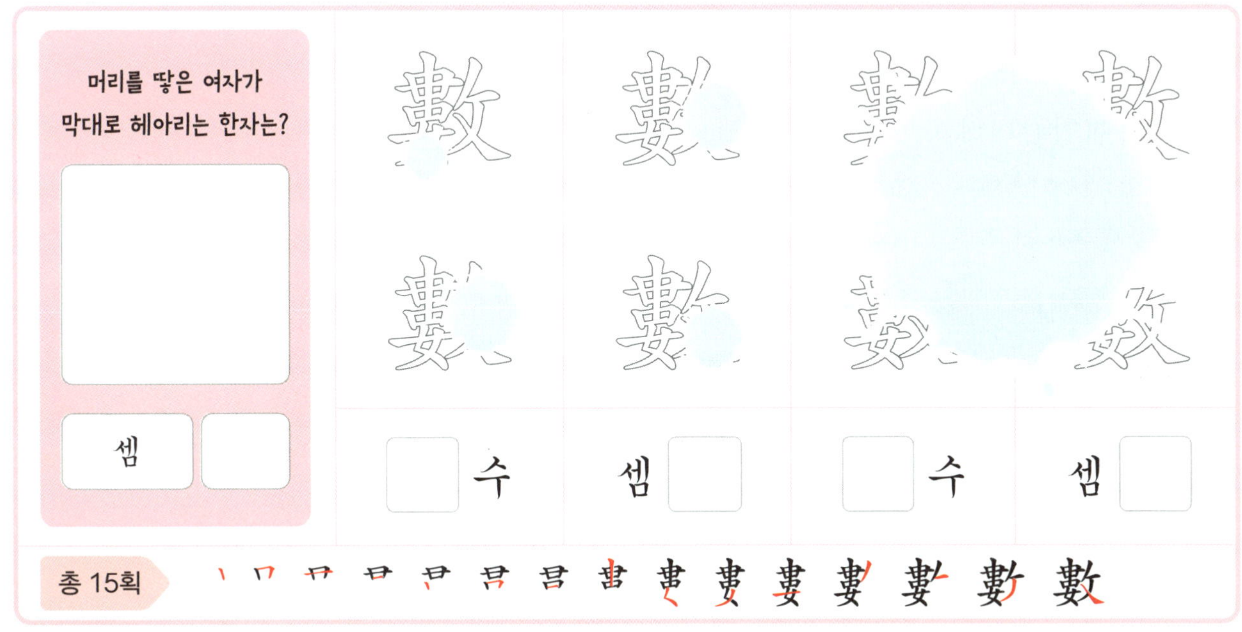

 한자 어휘

한자의 음을 쓰세요.

① 셈과 수 算數　　　② 수를 탐구하는 학문 數學

③ 컴퓨터로 처리하는 電算　　　④ 친족의 가까운 정도 寸數

복습! 8급 한자　學(배울 학) 寸(마디 촌)

한자의 음을 써 봐!

1 아버지와 나의 **寸數**는
일촌입니다.

2 우빈이는 **數學**,
도운이는 **國語**를 좋아합니다.

3 요즘 회사 업무는 대부분
電算으로 처리합니다.

4 이전의 **算數** 과목은 수학 과목으로
바뀌었습니다.

복습! 8급 한자 國(나라 국)

밑줄 친 뜻에 해당하는 한자를 찾거나, 음에 해당하는 한자어를 〈보기〉에서
찾아보세요.

〈보기〉　　① 算　　② 數學　　③ 電算　　④ 寸數　　⑤ 算數

1. 좋아하는 동물을 분류하고 수를 세어 봅시다.　＿＿＿＿＿

2. 친척 아저씨와 촌수를 계산해 보았습니다.　＿＿＿＿＿

3. 수학책의 긴 쪽의 길이를 재어 보세요.　＿＿＿＿＿

4. 컴퓨터 바이러스는 전산 업무를 마비시킵니다.　＿＿＿＿＿

정답 ❶ 촌수 ❷ 수학, 국어 ❸ 전산 ❹ 산수 ｜ 1.① 2.④ 3.② 4.③

 빈칸에 알맞은 한자와 훈음을 쓰세요.

動

答

마을 리

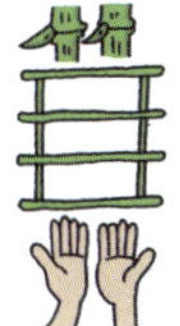

算

살 주

무거울 중

數

住

市

全

主

대답 답

里

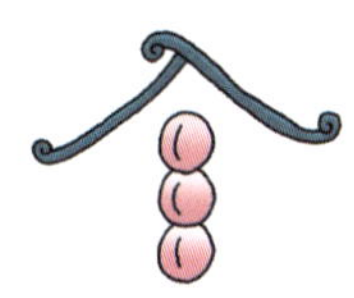

온전 전

重

💡 빈칸에 알맞은 한자를 <보기>에서 찾아 쓰세요.

<보기> 主 住 市 里 重 動 全 答 算 數

① 아버지와 나의 촌 □ 는 일촌입니다.

② 한강 □ 민 공원에서 자전거를 탔습니다.

③ 삼천 □ 방방곡곡에 해방의 기쁨이 넘쳤습니다.

④ 지금 하신 그 대답은 과연 명 □ 이십니다.

⑤ 작품 속 집의 □ 인이 되어 집을 소개해 볼까요?

⑥ 학교 홈페이지 □ 소를 알려주세요.

⑦ 주말에는 □ 국에 비가 내리겠습니다.

⑧ 이전의 □ 수 과목은 수학 과목으로 바뀌었습니다.

⑨ 소방차를 타고 출 □ 해 불이 난 곳에 물도 뿌렸다.

⑩ 정부는 □ 대 발표를 할 것이라고 밝혔습니다.

[1~8] 다음 한자어의 음(音: 소리)을 쓰세요.

<보기> 漢字 → 한자

1. 住民 센터는 우체국 옆에 있습니다.
____

2. 애완動物을 키웁니다.
____

3. 석이는 數學 시간에 졸았습니다.
____

4. 市民 단체가 있습니다.
____

5. 월급은 電算으로 처리됩니다.
____

6. 이번 사태가 너무 重大합니다.
____

7. 선거는 民主적으로 치러졌습니다.
____

8. 十里를 걸어 다닙니다.
____

[9~12] 다음 한자의 훈(訓: 뜻)과 음(音: 소리)을 쓰세요.

<보기> 字 → 글자 자

9. 答　_______

10. 動　_______

11. 算　_______

12. 住　_______

[13~14] 다음 한자의 상대 또는 반대되는 한자를 <보기>에서 골라 그 번호를 쓰세요.

<보기> ① 北　　② 植　　③ 問

13. 動物 ↔ (　　)物

14. (　　) ↔ 答

[15~16] 다음 뜻에 맞는 한자어를 <보기>에서 찾아 그 번호를 쓰세요.

<보기> ① 市民　　② 全校
　　　　③ 住所　　④ 寸數

15. 학교의 전체　_______

16. 살고 있는 곳　_______

[17~18] 다음 한자의 진하게 표시한 획은 몇 번째 쓰는지 <보기>에서 찾아 그 번호를 쓰세요.

<보기>
① 첫 번째　　② 두 번째
③ 세 번째　　④ 네 번째
⑤ 다섯 번째　　⑥ 여섯 번째

17. 市　_______　　18. 里　_______

한자능력검정시험을 보기 전에 알아 두면 좋아요!

1. 시험 일정은?

보통 2월, 5월, 8월, 11월 셋째 주 토요일에 실시합니다. 교육급수시험(4급~8급)의 시험 시간은 오전 11시, 공인급수시험(특급~3급Ⅱ)은 오후 3시로 서로 다릅니다. 또한 매년 시험 날짜가 바뀔 수 있으므로 반드시 한국어문회 홈페이지(www.hanja.re.kr)에서 확인해야 합니다.

2. 7급과 7급Ⅱ는 무엇이 다른가요?

한자능력검정시험은 교육급수(4급~8급)와 공인급수(특급~3급Ⅱ)로 나뉩니다.
교육급수에 해당하는 7급과 7급Ⅱ는 각각 별도의 급수입니다. **급수Ⅱ는 상위 급수와 하위 급수 배정한자 수의 차이를 줄이기 위한 급수입니다.** 7급Ⅱ는 100자, 7급은 150자를 읽을 수 있어야 합니다. 7급Ⅱ 100자와 7급 150자에는 모두 8급 한자 50자가 포함되어 있습니다. 모든 급수 한자는 아래 급수에서 배운 한자를 포함합니다.

급수	읽기	쓰기
8급	50	0
7급Ⅱ	100	0
7급	150	0
6급Ⅱ	225	50
6급	300	150
5급Ⅱ	400	225
5급	500	300
4급Ⅱ	750	400
4급	1,000	500

3. 어떤 유형의 문제가 나오나요?

7급은 한자의 소리(음)를 묻는 독음 문제와 한자의 뜻과 소리를 동시에 묻는 훈음 문제가 대부분입니다.(70문항 중 62문항) 이 외에 반의어, 한자어 완성, 뜻풀이, 필순 유형이 각각 2문제씩 총 8문제가 출제됩니다.

7급Ⅱ는 7급과 비슷하나 독음 문제가 10문제 적어 총 60문항입니다.

구분	6급	6급Ⅱ	7급	7급Ⅱ	8급
* 독음	33	32	32	22	24
* 훈음	22	29	30	30	24
장단음	0	0	0	0	0
* 반의어	3	2	2	2	0
* 완성형	3	2	2	2	0
부수	0	0	0	0	0
동의어	2	0	0	0	0
동음이의어	2	0	0	0	0
* 뜻풀이	2	2	2	2	0
약자	0	0	0	0	0
한자 쓰기	20	10	0	0	0
* 필순	3	3	2	2	2
한문	0	0	0	0	0

4. 시험 시간 및 문항 수는 어떻게 되나요?

시험 시간은 50분이고, 합격 기준은 70점 이상입니다. 곧 7급은 70문항 중 49문항, 7급Ⅱ는 60문항 중 42문항 이상 맞히면 합격입니다.

급수	출제 문항	합격 문항
8급	50	35
7급Ⅱ	60	42
7급	70	49
6급Ⅱ	80	56
6급	90	63
5급Ⅱ·5급·4급Ⅱ·4급	100	70

모의 한자능력검정시험

7급

- 출제 기준 : ㈜한국어문회 한자능력검정시험
- 시험 문항 : 70문항
- 시험 시간 : 50분
- 합격 문항 : 49문항

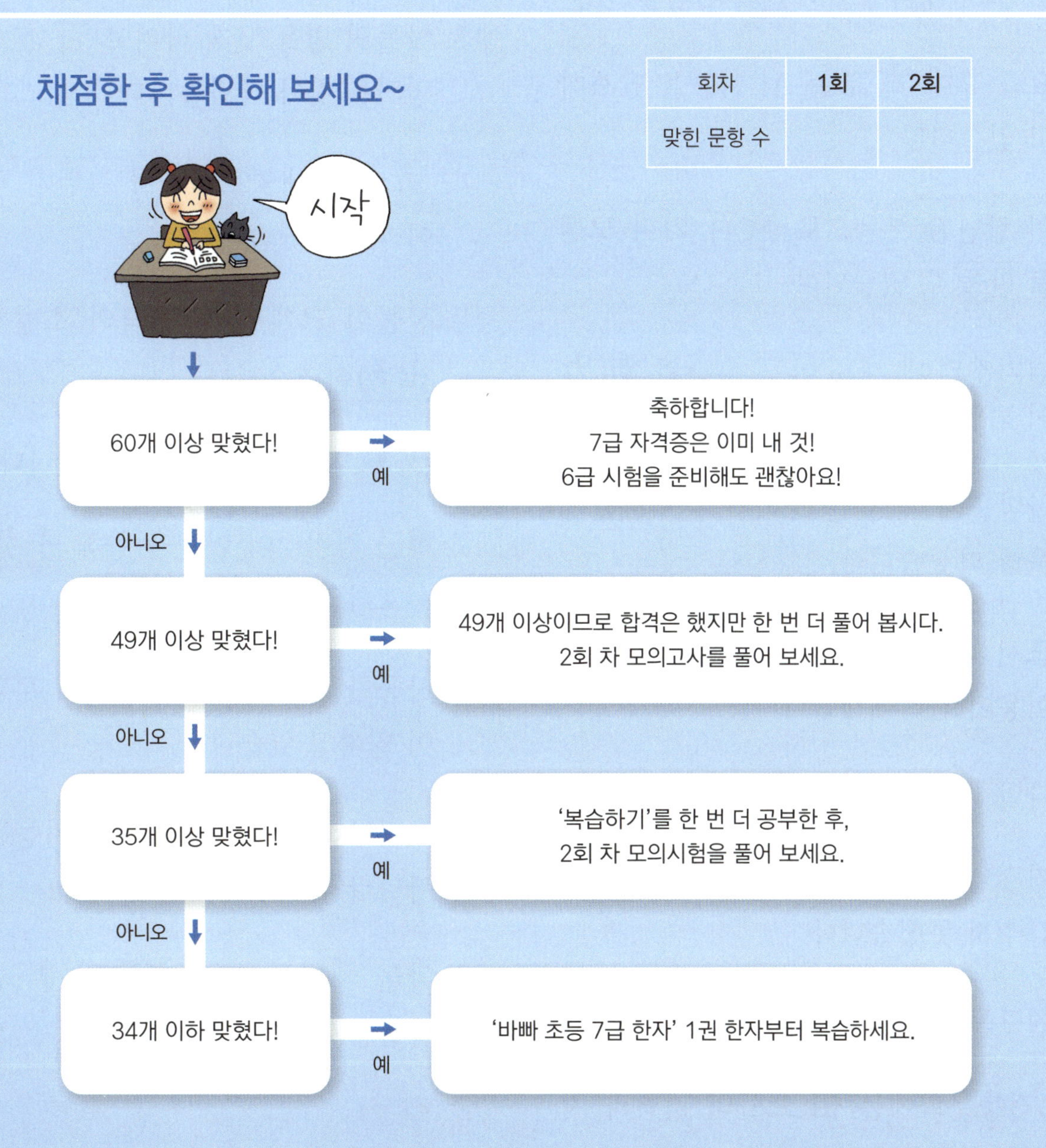

회차	1회	2회
맞힌 문항 수		

모의 한자능력검정시험 7급

시험 시간 : 50분
합격 문항 수 :
70개 중 49개

[1~32] 다음 밑줄 친 한자어의 음(音: 소리)을 쓰세요.

<보기>　漢字　→　한자

1. 흰 눈이 내려 온 世上을 덮었습니다.

2. 요즘 휴대 電話는 AI 기능을 탑재하고 있습니다.

3. 이 장난감 부품으로 數百 가지 모델을 만들 수 있습니다.

4. 전지훈련이 가을 야구 우승의 動力이 되었습니다.

5. 한밤중에 개 짖는 소리가 온 洞里에 울려 퍼졌습니다.

6. 도서 대출과 반납이 電算화 되면서 이용이 편리해졌습니다.

7. 나와 同名인 친구가 셋입니다.

8. 거짓말이 들통나자 당황한 氣色을 감추지 못했습니다.

9. 친구들과 만날 場所를 정했습니다.

10. 전통문화에는 祖上들의 경험과 지혜가 담겨있습니다.

11. 엄마는 海物 매운탕을 좋아합니다.

12. 홍도는 아름다운 自然 경관을 갖고 있습니다.

13. 아들의 병을 낫게 하려고 百方으로 명의를 찾아 다녔습니다.

14. 立春이 내일모레라서 그런지 햇살이 따뜻하였습니다.

15. 산불이 크게 번져 전국의 소방차가 出動하였습니다.

16. 少數의 의견도 존중해야 합니다.

17. 해군 경비정이 어선을 향해 手旗로 신호하였습니다.

18. 자동차 제조 工場에 로봇이 투입되어 일하고 있습니다.

19. 우리나라의 電子 제품은 기능뿐만 아니라 디자인도 우수합니다.

20. 약물 치료는 임시 方便일 뿐 생활 습관을 개선해야 합니다.

21. 억울한 <u>百姓</u>은 신문고를 두드려 그 사정을 호소하였습니다.

22. <u>草家</u>지붕 위로 박이 열렸습니다.

23. 이 동산은 개인 <u>所有</u>라서 외부인이 함부로 들어갈 수 없습니다.

24. 그 섬은 <u>車便</u>이 많지 않아 자전거를 이용하는 것이 좋습니다.

25. 그 사람이 죄가 없다는 것은 <u>天下</u>가 아는 일입니다.

26. 코피가 나자 <u>休紙</u>로 코를 막았습니다.

27. 배송 받을 <u>住所</u>를 입력하였습니다.

28. 남부 <u>地方</u>은 벚꽃은 일찍 피고 단풍은 늦게 듭니다.

29. 우리 학교는 봄철과 가을철에 <u>春秋</u>복을 입습니다.

30. <u>間食</u>으로 볶은 콩이나 멸치를 먹기도 합니다.

31. 엘리베이터가 고장이 나서 많은 사람이 <u>不便</u>을 겪었습니다.

32. 충남 금산은 인삼의 고장으로 <u>有名</u>합니다.

[33~34] 다음 밑줄 친 단어의 한자어를 〈보기〉에서 골라 그 번호를 쓰세요.

〈보기〉
① 算數　　② 植物
③ 天地　　④ 問答

33. 한해살이 식물에는 봉숭아, 해바라기, 옥수수 등이 있습니다.

34. 챗GPT와 문답을 하여 나의 지식 세계를 넓힐 수 있습니다.

[35~54] 다음 한자의 훈(訓: 뜻)과 음(音:소리)을 쓰세요.

〈보기〉　字 → 글자 자

35. 足
36. 先
37. 午
38. 江
39. 川
40. 寸
41. 記
42. 答
43. 西
44. 左

45. 九

46. 父

47. 右

48. 來

49. 冬

50. 木

51. 時

52. 弟

53. 靑

54. 東

[55~64] 다음 훈(訓: 뜻)과 음(音: 소리)에 맞는 한자를 보기에서 골라 그 번호를 쓰세요.

55. 집 실

56. 곧을 직

57. 여름 하

58. 가르칠 교

59. 저녁 석

60. 성 성

61. 임금 왕

62. 고을 읍

63. 온전 전

64. 마을 촌

[65~66] 다음 한자의 상대 또는 반대되는 한자를 보기에서 골라 그 번호를 쓰세요.

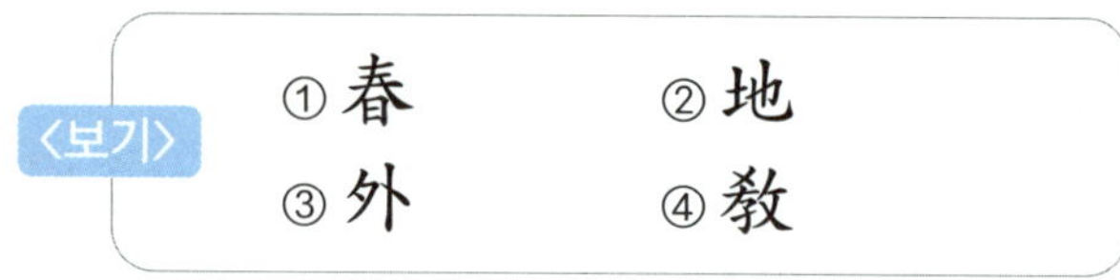

65. 內 ↔ (   )   66. (   ) ↔ 秋

[67~68] 다음 뜻에 맞는 한자어를 〈보기〉에서 찾아 그 번호를 쓰세요.

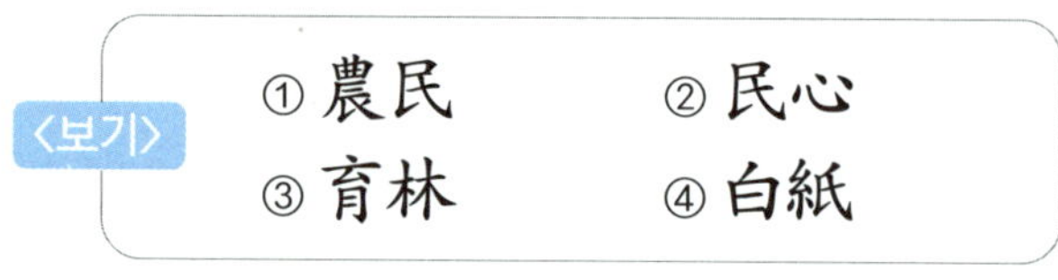

67. 백성의 마음

68. 흰 종이

[69~70] 다음 한자의 진하게 표시한 획은 몇 번째 쓰는지 〈보기〉에서 찾아 그 번호를 쓰세요.

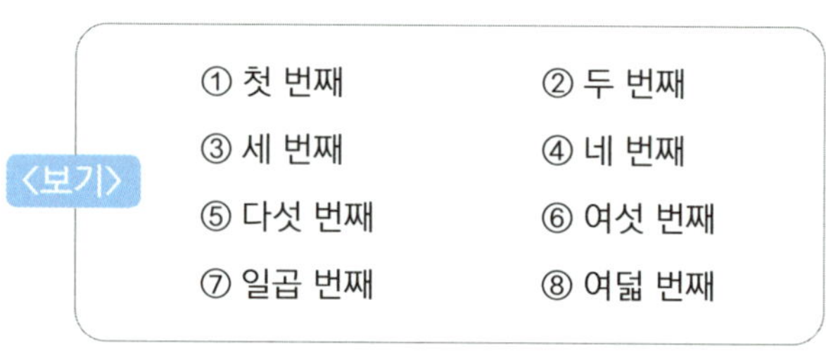

69. 軍＿＿   70. 海＿＿

[1~32] 다음 밑줄 친 한자어의 음(音: 소리)을 쓰세요.

<보기> 　漢字 → 한자

1. **午後** 내내 놀이터에서 놀았습니다.

2. 한식날 비가 오면 **農事**가 대풍이라는 속설이 있습니다.

3. **正午**가 되자 덕수궁 옆 성당에서 종소리가 울립니다.

4. **農夫**들은 때를 맞추어 씨앗을 뿌리고 가꿉니다.

5. 스님은 **問答**을 통해 스스로 답을 찾도록 인도합니다.

6. 대전의 성심당은 유명 빵집을 넘어 관광 **名所**가 되었습니다.

7. **電氣** 자동차에는 안전하고 효율 높은 배터리가 필수입니다.

8. 옳은 일, 좋은 일을 하면 마음이 **平安**합니다.

9. 군수는 **邑村**의 사냥꾼을 불렀습니다.

10. 수면 **不足**은 집중력과 인지능력을 감소시킵니다.

11. 오늘 **夕食** 메뉴는 새우 볶음밥과 조개 된장국입니다.

12. 인공지능과 전기차는 엄청난 양의 **電力**을 사용합니다.

13. 그는 외가가 있는 시골에서 **出生**했습니다.

14. **家事** 노동에서 성별의 경계가 사라지고 있습니다.

15. 일요일 **午前**에 대청소를 하였습니다.

16. 큰 산불이 **同時**다발적으로 발생했습니다.

17. 강강술래를 부르며 남녀 **老少**가 손을 잡고 함께 돌았습니다.

18. 장마로 물이 불어나 잠수교를 **全面** 통제하였습니다.

19. 직거래 장터에서 거래한 **農村**의 농작물은 싸고 신선합니다.

20. **重力**의 작용으로 사과가 땅으로 떨어집니다.

21. **算數** 실력을 키우면 복잡한 계산을 빨리 할 수 있습니다.

22. __秋夕__을 맞아 송편을 빚었습니다.

23. 생일잔치 초대장을 손 __便紙__로 보냈습니다.

24. __休日__이면 한강 공원은 사람들로 붐빕니다.

25. 동양과 서양은 __文物__을 서로 활발하게 교류하였습니다.

26. 이 건물에는 온라인 유통 업체가 많이 __入住__해 있습니다.

27. 좋은 음악은 우리 삶에 __活力__과 의욕을 줍니다.

28. 누나와 __市場__에 갔습니다.

29. 지구를 __所重__히 여기고 잘 보존해야 합니다.

30. 기후 위기 관련 기사가 신문 __紙面__의 대부분을 차지했습니다.

31. 가벼이 처신하지 말고 __自重__해야 합니다.

32. 수리부엉이는 주로 밤에 __活動__합니다.

[33~34] 다음 밑줄 친 단어의 한자어를 〈보기〉에서 골라 그 번호를 쓰세요.

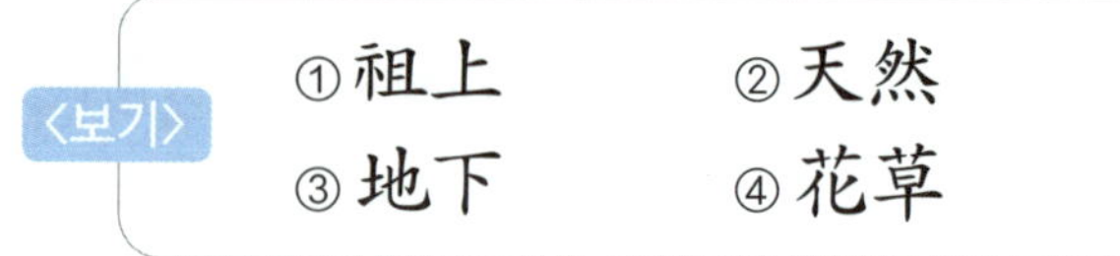

33. 할아버지는 온실을 짓고 온갖 화초를 심어 기르고 있습니다.

34. 불모산 동굴은 천연 종유 동굴입니다.

[35~54] 다음 한자의 훈(訓: 뜻)과 음(音:소리)을 쓰세요.

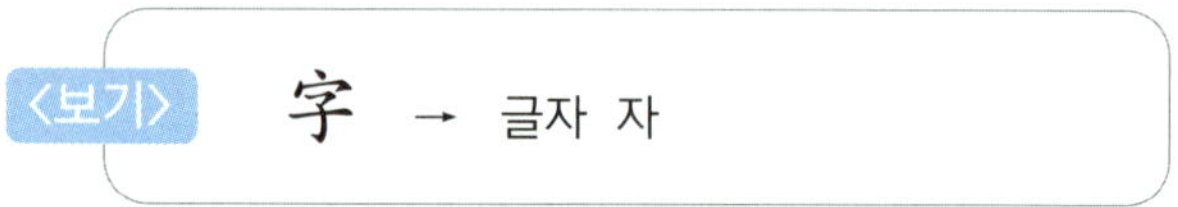

35. 空
36. 主
37. 來
38. 林
39. 母
40. 小
41. 土
42. 車
43. 工
44. 南
45. 立

46. 每

47. 方

48. 男

49. 川

50. 下

51. 兄

52. 旗

53. 萬

54. 白

[55~64] 다음 훈(訓: 뜻)과 음(音: 소리)에 맞는 한자를 보기에서 골라 그 번호를 쓰세요.

55. 열 십

56. 바깥 외

57. 달 월

58. 여덟 팔

59. 살 활

60. 효도 효

61. 골 동

62. 다섯 오

63. 일천 천

64. 군사 군

[65~66] 다음 한자의 상대 또는 반대되는 한자를 보기에서 골라 그 번호를 쓰세요.

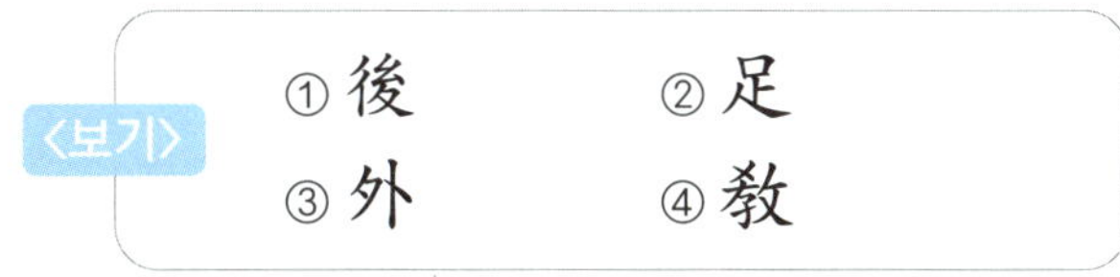

65. 手 ↔ (   )

66. 前 ↔ (   )

[67~68] 다음 뜻에 맞는 한자어를 〈보기〉에서 찾아 그 번호를 쓰세요.

67. 산에 오름

68. 나무를 심음

[69~70] 다음 한자의 진하게 표시한 획은 몇 번째 쓰는지 〈보기〉에서 찾아 그 번호를 쓰세요.

69. 室 ＿＿＿   70. 東 ＿＿＿

06. 01~05과 복습하기

28쪽

① 下 ② 電 ③ 千 ④ 夕 ⑤ 地
⑥ 名 ⑦ 世 ⑧ 上 ⑨ 川 ⑩ 百

29쪽

1. 세상   2. 전기   3. 추석   4. 지방   5. 수백
6. 천만   7. 산천   8. 명물   9. 일백 백 10. 저녁 석
11. 일천 천 12. 내 천 13. ③   14. ①   15. ①
16. ②   17. ⑤   18. ④

12. 07~11과 복습하기

46쪽

① 春 ② 場 ③ 間 ④ 家 ⑤ 然
⑥ 農 ⑦ 物 ⑧ 草 ⑨ 時 ⑩ 午

47쪽

1. 시장   2. 중간   3. 자연   4. 시간   5. 농장
6. 가문   7. 청춘   8. 오후   9. 물건 물 10. 때 시
11. 풀 초 12. 그럴 연 13. ①   14. ②   15. ③
16. ②   17. ⑥   18. ⑦

18. 13~17과 복습하기

64쪽

① 秋 ② 休 ③ 林 ④ 氣 ⑤ 平
⑥ 來 ⑦ 出 ⑧ 少 ⑨ 不 ⑩ 村

65쪽

1. 공기   2. 불안   3. 휴일   4. 농촌   5. 산림
6. 평일   7. 소녀   8. 외래   9. 마을 촌 10. 수풀 림
11. 올 래 12. 가을 추 13. ③   14. ②   15. ②
16. ④   17. ①   18. ④

24. 19~23과 복습하기

82쪽

① 男 ② 方 ③ 車 ④ 旗 ⑤ 工
⑥ 紙 ⑦ 所 ⑧ 空 ⑨ 江 ⑩ 力

83쪽

1. 사방   2. 공중   3. 장남   4. 강산   5. 소중
6. 목공   7. 답지   8. 활력   9. 강 강 10. 기 기
11. 모 방 12. 수레 차/수레 거   13. ③   14. ①
15. ③   16. ②   17. ⑦   18. ⑥

30. 25~29과 복습하기

100쪽

① 數 ② 市 ③ 里 ④ 答 ⑤ 主
⑥ 住 ⑦ 全 ⑧ 算 ⑨ 動 ⑩ 重

101쪽

1. 주민   2. 동물   3. 수학   4. 시민   5. 전산
6. 중대   7. 민주   8. 십리   9. 대답 답 10. 움직일 동
11. 셈 산 12. 살 주 13. ②   14. ③   15. ②
16. ③   17. ③   18. ⑤

답안지와 바로
비교해 보세요!

01회 모의시험

104~106쪽

1. 세상	2. 전화	3. 수백	4. 동력
5. 동리	6. 전산	7. 동명	8. 기색
9. 장소	10. 조상	11. 해물	12. 자연
13. 백방	14. 입춘	15. 출동	16. 소수
17. 수기	18. 공장	19. 전자	20. 방편
21. 백성	22. 초가	23. 소유	24. 차편
25. 천하	26. 휴지	27. 주소	28. 지방
29. 춘추	30. 간식	31. 불편	32. 유명
33. ②	34. ④	35. 발 족	36. 먼저 선
37. 낮 오	38. 강 강	39. 내 천	40. 마디 촌
41. 기록할 기	42. 대답 답	43. 서녘 서	44. 왼 좌
45. 아홉 구	46. 아비 부	47. 오른 우	48. 올 래
49. 겨울 동	50. 나무 목	51. 때 시	52. 아우 제
53. 푸를 청	54. 동녘 동	55. ④	56. ⑧
57. ⑩	58. ①	59. ②	60. ③
61. ⑤	62. ⑦	63. ⑥	64. ⑨
65. ③	66. ①	67. ②	68. ④
69. ⑦	70. ⑥		

02회 모의시험

107~109쪽

1. 오후	2. 농사	3. 정오	4. 농부
5. 문답	6. 명소	7. 전기	8. 평안
9. 읍촌	10. 부족	11. 석식	12. 전력
13. 출생	14. 가사	15. 오전	16. 동시
17. 노소	18. 전면	19. 농촌	20. 중력
21. 산수	22. 추석	23. 편지	24. 휴일
25. 문물	26. 입주	27. 활력	28. 시장
29. 소중	30. 지면	31. 자중	32. 활동
33. ④	34. ②	35. 빌 공	36. 주인 주
37. 올 래	38. 수풀 림	39. 어미 모	40. 작을 소
41. 흙 토	42. 수레 차/거	43. 장인 공	44. 남녘 남
45. 설 립	46. 매양 매	47. 모 방	48. 사내 남
49. 내 천	50. 아래 하	51. 형 형	52. 기 기
53. 일만 만	54. 흰 백	55. ③	56. ⑤
57. ⑥	58. ⑧	59. ⑨	60. ⑩
61. ②	62. ④	63. ⑦	64. ①
65. ②	66. ①	67. ④	68. ③
69. ⑧	70. ⑥		

틀린 한자를 써 보세요.

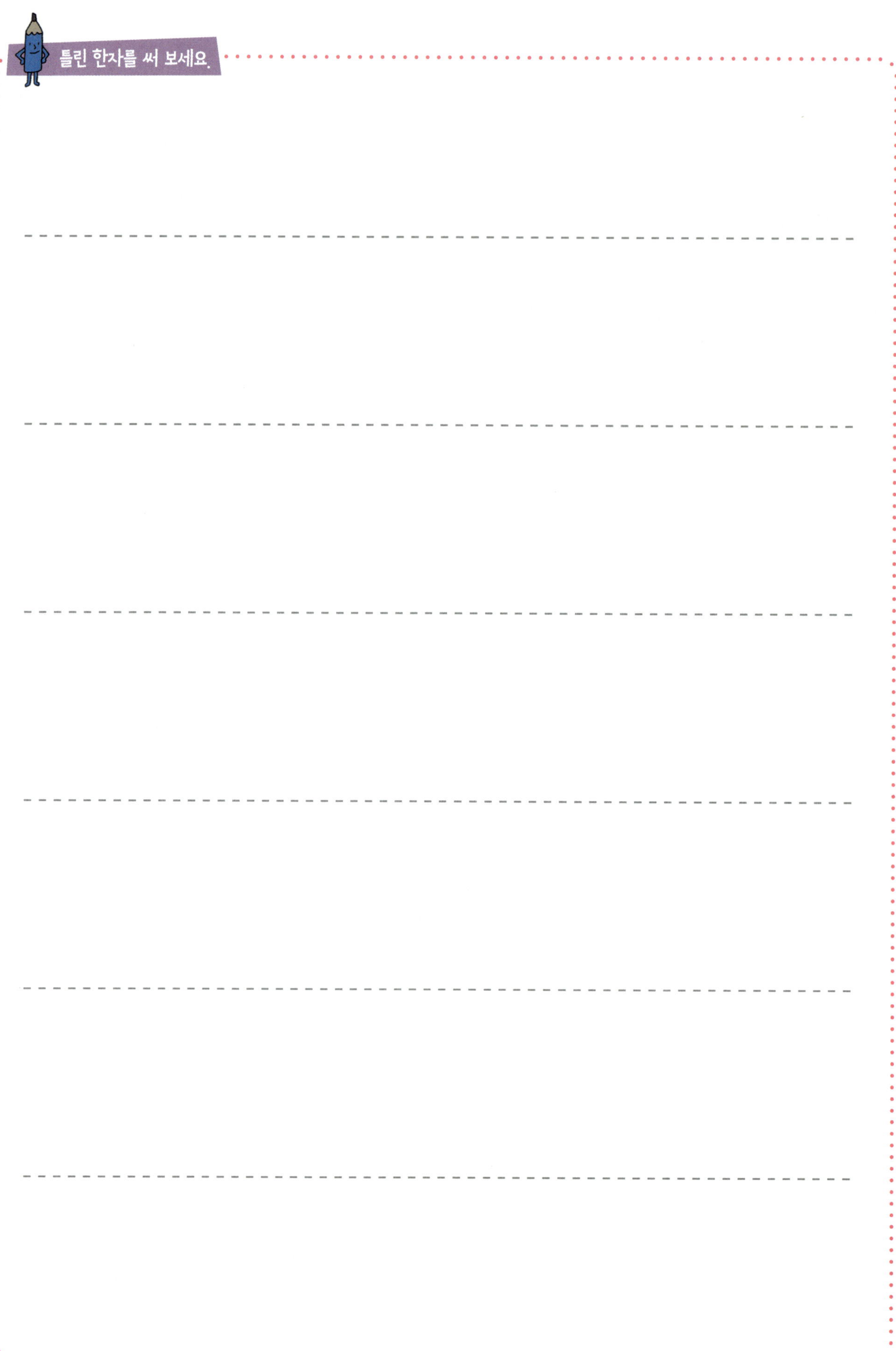

<table>
<tr><td>수험번호</td><td>□□□-□□-□□□□</td><td colspan="2">성명 □□□□□</td></tr>
<tr><td>생년월일</td><td>□□□□□□ ※ 주민등록번호 앞 6자리 숫자를 기입하십시오.</td><td colspan="2">※ 성명은 한글로 작성
※ 필기구는 검정색 볼펜만 가능</td></tr>
</table>

※ 답안지는 컴퓨터로 처리되므로 구기거나 더럽히지 마시고, 정답 칸 안에만 쓰십시오.
　글씨가 채점란으로 들어오면 오답 처리 됩니다.

01회 모의 한자능력검정시험 7급 답안지(1) (시험 시간: 50분)

번호	정답	1검	2검	번호	정답	1검	2검	번호	정답	1검	2검
1				12				23			
2				13				24			
3				14				25			
4				15				26			
5				16				27			
6				17				28			
7				18				29			
8				19				30			
9				20				31			
10				21				32			
11				22				33			

감독위원	채점위원(1)		채점위원(2)		채점위원(3)	
(서명)	(득점)	(서명)	(득점)	(서명)	(득점)	(서명)

01회 모의 한자능력검정시험 7급 답안지(2)

답안란		채점란		답안란		채점란		답안란		채점란	
번호	정답	1검	2검	번호	정답	1검	2검	번호		1검	2검
34				47				60			
35				48				61			
36				49				62			
37				50				63			
38				51				64			
39				52				65			
40				53				66			
41				54				67			
42				55				68			
43				56				69			
44				57				70			
45				58							
46				59							

<table>
<tr><td>수험번호</td><td>□□□-□□-□□□□</td><td>성명 □□□□□</td></tr>
<tr><td>생년월일</td><td>□□□□□□ ※ 주민등록번호 앞 6자리 숫자를 기입하십시오.</td><td>※ 성명은 한글로 작성
※ 필기구는 검정색 볼펜만 가능</td></tr>
</table>

※ 답안지는 컴퓨터로 처리되므로 구기거나 더럽히지 마시고, 정답 칸 안에만 쓰십시오.
　글씨가 채점란으로 들어오면 오답 처리 됩니다.

02회 모의 한자능력검정시험 7급 답안지(1) (시험 시간: 50분)

번호	정답	1검	2검	번호	정답	1검	2검	번호	정답	1검	2검
	답안란	채점란			답안란	채점란			답안란	채점란	
1				12				23			
2				13				24			
3				14				25			
4				15				26			
5				16				27			
6				17				28			
7				18				29			
8				19				30			
9				20				31			
10				21				32			
11				22				33			

감독위원	채점위원(1)		채점위원(2)		채점위원(3)	
(서명)	(득점)	(서명)	(득점)	(서명)	(득점)	(서명)

■　　　　　　　　　　　　　　　　　　　　　　　　　　　　　※ 뒷면으로 이어짐　■

02회 모의 한자능력검정시험 7급 답안지(2)

번호	정답	1검	2검	번호	정답	1검	2검	번호		1검	2검
34				47				60			
35				48				61			
36				49				62			
37				50				63			
38				51				64			
39				52				65			
40				53				66			
41				54				67			
42				55				68			
43				56				69			
44				57				70			
45				58							
46				59							

절취선

바빠 따라 쓰기

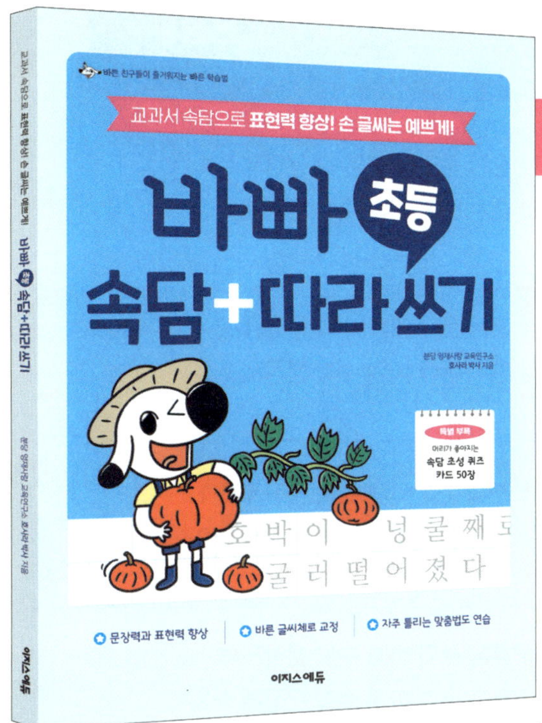

바빠 초등 속담 + 따라 쓰기 | 12,000원

영재 교육학 박사가 만든 속담 책!

교과서 속담으로 표현력 향상! 손 글씨는 예쁘게!

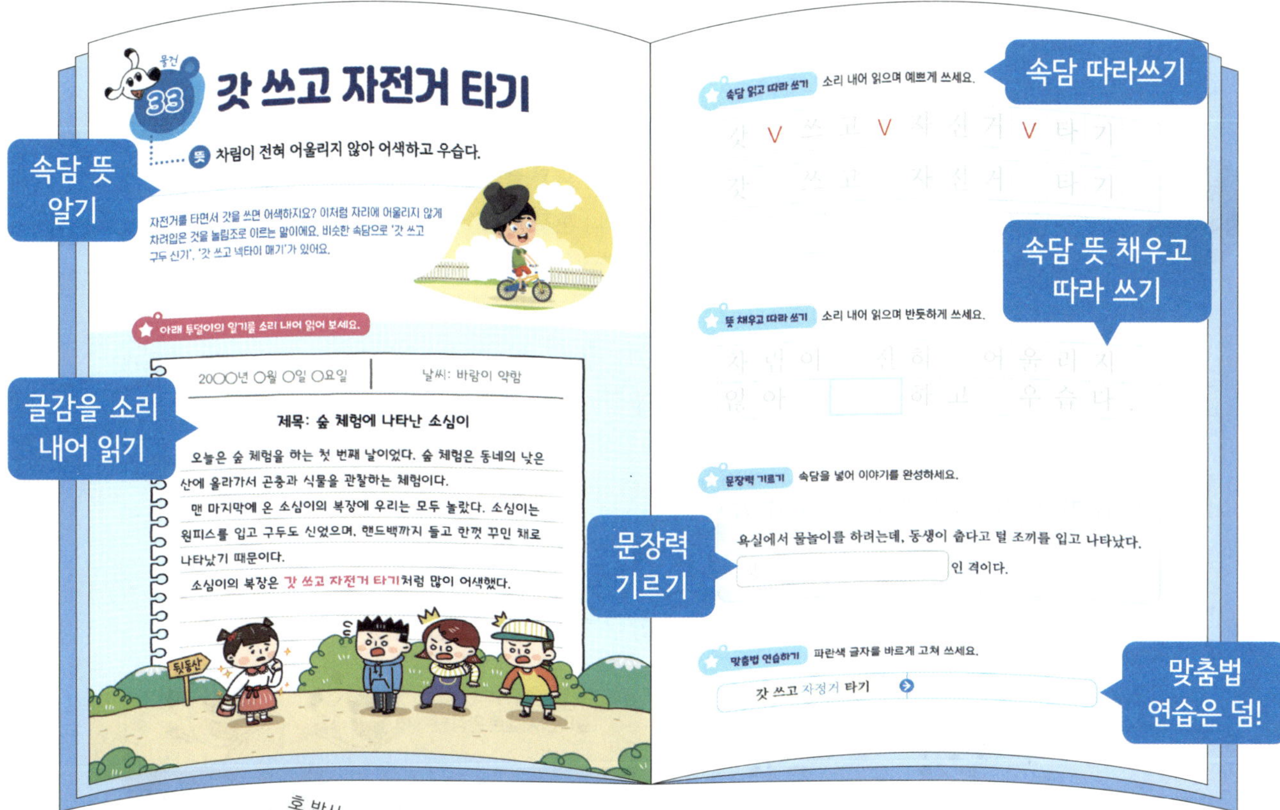

호 박사
바빠 초등 **사자성어+따라 쓰기**와 **관용어+따라 쓰기**도 있어요!

바빠 시리즈 초등 학년별 추천 도서

학년	학기별 연산책 바빠 교과서 연산 학기 중, 선행용으로 추천!	나 혼자 푼다 바빠 수학 문장제 학교 시험 서술형 완벽 대비!
1학년	· 바빠 교과서 연산 1-1 · 바빠 교과서 연산 1-2	· 나 혼자 푼다 바빠 수학 문장제 1-1 · 나 혼자 푼다 바빠 수학 문장제 1-2
2학년	· 바빠 교과서 연산 2-1 · 바빠 교과서 연산 2-2	· 나 혼자 푼다 바빠 수학 문장제 2-1 · 나 혼자 푼다 바빠 수학 문장제 2-2
3학년	· 바빠 교과서 연산 3-1 · 바빠 교과서 연산 3-2	· 나 혼자 푼다 바빠 수학 문장제 3-1 · 나 혼자 푼다 바빠 수학 문장제 3-2
4학년	· 바빠 교과서 연산 4-1 · 바빠 교과서 연산 4-2	· 나 혼자 푼다 바빠 수학 문장제 4-1 · 나 혼자 푼다 바빠 수학 문장제 4-2
5학년	· 바빠 교과서 연산 5-1 · 바빠 교과서 연산 5-2	· 나 혼자 푼다 바빠 수학 문장제 5-1 · 나 혼자 푼다 바빠 수학 문장제 5-2
6학년	· 바빠 교과서 연산 6-1 · 바빠 교과서 연산 6-2	· 나 혼자 푼다 바빠 수학 문장제 6-1 · 나 혼자 푼다 바빠 수학 문장제 6-2

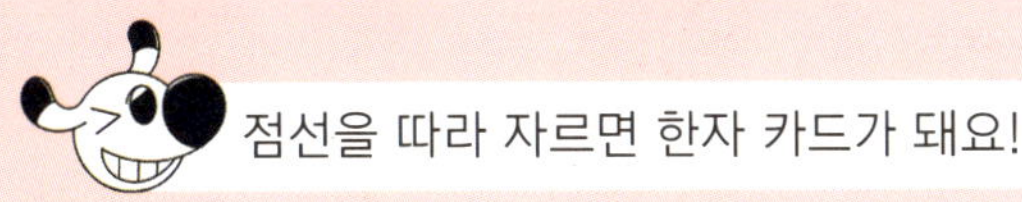

점선을 따라 자르면 한자 카드가 돼요!

夕	名	上
下	地	電
川	世	百
千	時	間

윗 **상**

이름 **명**

저녁 **석**

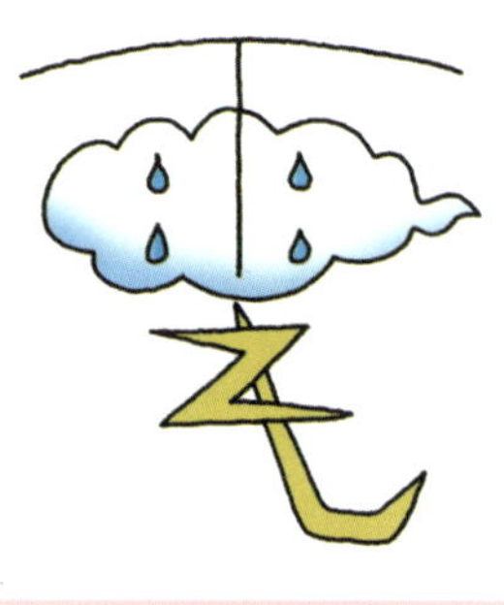

번개 **전**

땅 **지**

아래 **하**

일백 **백**

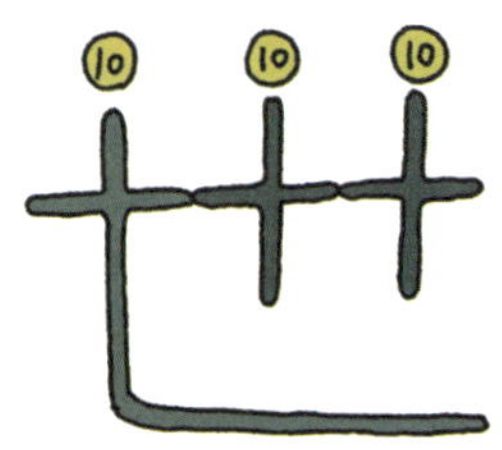

인간 **세**

내 **천**

사이 **간**

때 **시**

일천 **천**

草	場	春
農	午	物
家	然	休
村	林	來
萩	氣	禾

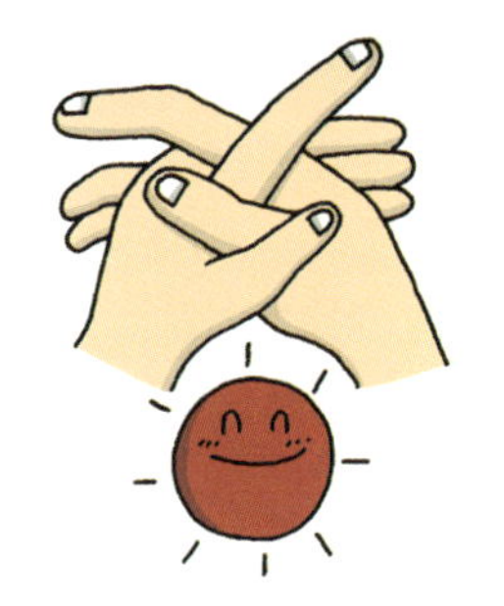

봄 춘

마당 장

풀 초

물건 물

낮 오

농사 농

쉴 휴

그럴 연

집 가

올 래

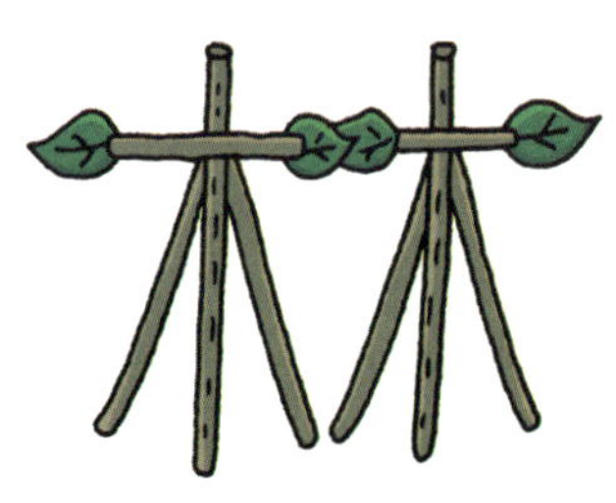

수풀 림

마을 촌

아닐 불

기운 기

가을 추

少	出	平
江	空	工
男	力	所
車	旗	方
住	主	紙

적을 **소**

날 **출**

평평할 **평**

강 **강**

빌 **공**

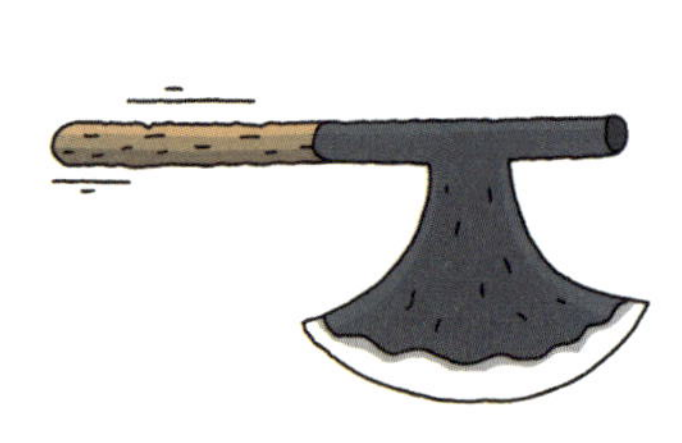

장인 **공**

사내 **남**

힘 **력**

바 **소**

수레 **차**

기 **기**

모 **방**

살 **주**

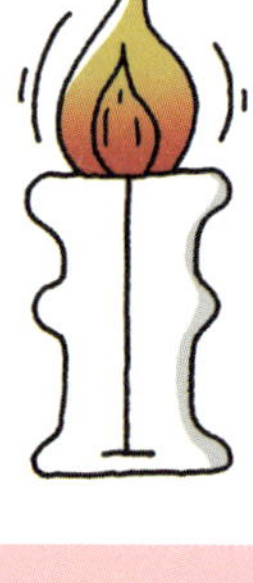

주인 **주**

종이 **지**

市 里 重
動 全 答
算 數

市　里　重

動　全　答

算　數　

한자 카드 이렇게 활용해 보세요.

하나

한자를 보고 훈음을 알아맞히거나, 훈음을 보고 한자를 맞혀 보세요.

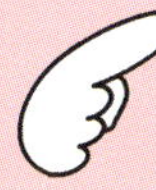

둘

한자 카드를 바닥에 펼쳐 놓고 다른 사람이 불러 주는 한자를 빨리 찾는 놀이를 해 보세요. 친구들과 누가 먼저 찾는지 내기를 하면 더 재미있어요.

셋

한자가 적힌 앞면이 보이도록 카드를 펼쳐 놓으세요. 가위바위보를 하여 이긴 사람이 카드를 골라 훈음을 말하고, 정답을 맞히면 카드를 가져갑니다. 한자 카드를 많이 가진 사람이 승리!

무거울 **중**

마을 **리**

저자 **시**

대답 **답**

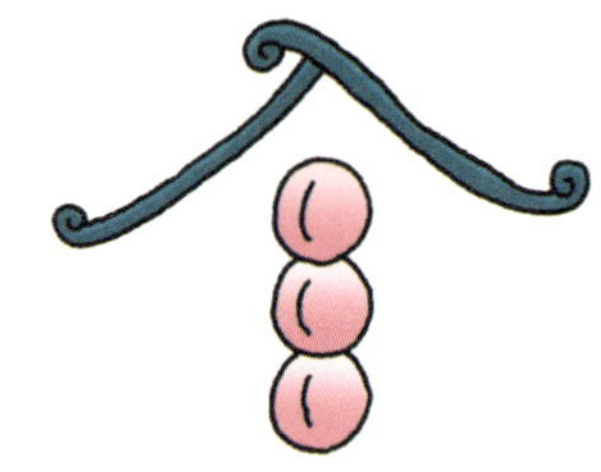

온전 **전**

움직일 **동**

셈 **수**

셈 **산**

바빠 초등 7급 한자 2권

우리는 아이들을 탈락시키지 않고 모두 목적지까지 데려가는 책을 만듭니다.　**이지스에듀**